Buddy Giovinazzo wurde 1960 geboren und wuchs in Staten Island, New York auf. Er ist Autor und Filmemacher und lebt in Los Angeles und Berlin. In Deutschland hat er für *Polizeiruf 110* und *Tatort* Regie geführt und in Los Angeles sein erstes Buch CRACKTOWN verfilmt. Bislang bei uns erschienen sind: POESIE DER HÖLLE, BROKEN STREET, POTSDAMER PLATZ. Sein neuer Roman PISS IN DEN WIND erscheint parallel zu dieser neu übersetzten Ausgabe. Die Erstausgabe wurde 1995 von Erich Maas verlegt, in der Übersetzung von Dietmar Dath.

BUDDY GIOVINAZZO

Cracktown

pulp master

pulp master
Band 30

Erschienen bei PULP MASTER, Berlin

Neuauflage 2011
Titel der amerikanischen Originalausgabe:
Life is hot in Cracktown
Copyright © 1993 by Buddy Giovinazzo
Deutsche Übersetzung © Frank Nowatzki / PULP MASTER 2011
Alle Rechte vorbehalten

Herausgegeben von Frank Nowatzki
Neu übersetzt aus dem Amerikanischen
von Angelika Müller
Redaktion: Heinz Scheffelmeier, Ute Nowatzki
Cover: 4000
Fotos: Maureen Brannelly
Umschlaggestaltung und Layout: MM-Grafomat
Druck und Verarbeitung: NØRHAVEN, DK-Viborg

ISBN 978-3-927734-12-8

Bibliografische Information Der Deutschen Bibliothek.
Die Deutsche Bibliothek verzeichnet diese Publikation in der Deutschen
Nationalbibliografie; detaillierte bibliografische Daten sind im Internet
über http://dnb.ddb.de abrufbar.

www.pulpmaster.de

INHALT:

Für Gesine

DAS LEBEN VERDAMPFT IN CRACKTOWN

Das Leben verdampft in Cracktown. Der glühende Bürgersteig versengt dir die Füße. Röstet das Erdreich. Entlässt Schwaden in die Luft. Blut und Pisse, Parfüm der Straße, verdunsten und vermengen sich, bis du ausrotzt, was sich als Rückstand in deiner Nase gesammelt hat. Brat dir 'ne Ratte und friss sie zum Frühstück. Feuer die Bazooka ab und die Ratte schmeckt wie Hühnchen. Überfall die Geschäfte, den Lebensmittelladen an der Ecke; greif ab, was du kriegen kannst; krieg, was du abgreifen kannst. Beobachte die Bullen in ihren Autos. Blas ihnen die Köpfe weg, wenn sie nicht hinschauen. Fick die Huren und zieh sie übern Tisch, es kommt ihnen sowieso nie. Bedien dich der Kinder, gute Kuriere, speis sie ab mit Süßkram und schau zu, wie sie altern. Hitze und Druck brauchen ein Ventil. Such dir einen Fremden; dann lauf weg. Zähl im Durchgang das Geld, lass die Geldbörse verschwinden. Feuer die Bazooka ab und es ist Himmelfahrt. Sei cool. Das Leben ist cool. Du bist cool. In Cracktown.

LONDA HAT EIN EI IM NEST

Dröhnendes Hämmern im Kopf, das ganze Rückgrat entlang und geradewegs in den Bauch, der täglich runder wird. Daddy wird's bald merken, durch den Whiskeyschleier hindurch wird er's sehen. Er wird sie zwingen, es zu behalten. Es zu behalten und aufzuziehen, und er wird sagen, selber schuld und dass sie jede gottverdammte Scheiße verdient, die ihr je passiert ist, weil sie eine Nutte ist und eine Schlampe und eine nichtsnutzige

Fotze, genau wie ihre verschissene Mutter. Anschließend wird er sie verprügeln und aus der Wohnung jagen, weil er jedem da draußen Geld schuldet und sich nicht blicken lassen kann, ohne auf Caesar zu stoßen oder Luckyfoot oder Bazooka Joe, der an der Ecke Raketen verkauft, für die Kolumbianer, die das Kehledurchschneiden genauso fix erledigen wie das Besteigen ihrer Frauen.

Daddy wird bald aufstehen. Noch liegt er auf dem Sofa, in seinen pissfleckigen Unterhosen, zu bedröhnt, um sich aufzuraffen und ins Bad zu gehen. Vom Fenster aus beobachtet sie die Bullen. Scheint, als hätte es jemanden erwischt; mit gezogenen Pistolen rennen sie die Straße runter. Londa duckt sich am Fensterbrett. Sie wird man nicht erschießen wie Mrs. Cooper, deren Schädel samt Inhalt auf dem Fernseher landete, zerfetzt von einem Geschoss, nur weil sie zu nah am Fenster stand. Die Bullen rennen zurück zu ihrem Wagen und sprechen ins Funkgerät. Sie sollte sich jetzt um den Kaffee kümmern, denn Daddy wird bald aufstehen, und sollte der Kaffee nicht fertig sein, wird Daddy richtig miese Laune bekommen. Aber zuerst macht sie das Fenster auf, atmet tief ein, wünscht sich, ihr Leben würde sich verflüchtigen, sich in nichts auflösen, als hätte alles niemals existiert. Oder vielleicht sprengen ja diese blöden Russen die ganze Welt ins Jenseits und alles fängt noch mal von vorne an, wie bei Adam und Eva, nur diesmal ohne Schlangen, die alles versauen, die durch Scheiße kriechen und in deine Möse, sich hochschlängeln, um dir Babys in den Bauch zu schmuggeln, wenn du gar keine willst und andererseits nicht willst, dass du sie nicht willst. Wenn's doch nur so wäre, denkt sie.

Hoffentlich mag er heute braune Brühe, denn es reicht nicht mal für eine Tasse. Zwar hat er ihr gestern Abend gesagt, sie soll Kaffee besorgen, aber sie hat die fünf Dollar eingesteckt und sich fünf weitere dazuverdient – indem sie Willy, Pedros Cousin, einen geblasen hat, ohne schlucken zu müssen, wozu sie sowieso nicht bereit gewesen wäre, selbst wenn er sie dazu aufgefordert hätte –, für Bazookamunition, zwei Schuss, von Pap-Smear Jones. Scheiß auf den Kaffee, es ist die Prügel wert, die sie gleich beziehen wird. Die Bazooka abfeuern und schon geht mir alles am Arsch vorbei, ich bin glücklich, steige hoch wie ein Drache, nichts zählt mehr, die mit Abstand coolste Sache. Besser als essen, besser als schlafen, besser als irgendwas. Sie dreht sich um und er attackiert sie wie ein aggressives Virus.

»Wo bleibt mein Kaffee, verdammt noch mal?« Sein Atem schießt aus seinem Mund wie ein Schwall Kotze. »Was glotzt du so?« Sie fängt sich eine ein, mit der Verkehrten, und segelt durchs Zimmer. Mit Blick auf seine Knöchel: »Du miese Schlampe hast mich gebissen!«

Er hat sie am Mund getroffen, ihre scharfkantig abgebrochenen Zähne. Ihre Lippe blutet, schlimmer noch, auch seine Hand. Er reißt Londa vom Boden hoch und schleudert sie gegen den Kühlschrank; sie spürt es in der Wirbelsäule, spürt ein Kribbeln in den Zehen. Vielleicht prügelt er sie ja kreuzlahm und wirft sie aus dem Fenster. Vom vierten Stock aus wäre sie augenblicklich tot; und vielleicht wär's das, denkt sie. Vielleicht wäre er dann traurig und würde erkennen, dass er sie liebt und sie braucht, dass sie nur noch sich haben, das Wenige, was von der Familie geblieben ist. Vielleicht merkt er's ja jetzt schon, bevor es zu spät ist. Wird lieb, hört auf zu trinken, hört auf, sie zu schlagen.

Doch er packt sie am Kopf, stößt ihr Gesicht in die Spüle, knallt ihre Stirn gegen den Wasserhahn, bis sie aufplatzt und das Blut den Weg über den Abfluss nimmt. Londa bricht auf dem Boden zusammen, hält sich die Stirn mit der blutverschmierten Hand, während er ins Badezimmer stolpert, um seine Unterhose zu wechseln. Sie bleibt sitzen, den Kopf in die Hand gestützt, bemüht, etwas zu fühlen, irgendwas, doch es will sich nichts zeigen: keine Träne, kein Schluchzen, kein Wimmern vor Schmerz oder Qual. Nichts. Deshalb hasst er sie so. Sie ist eine abgebrühte, verlogene, bösartige Fotze, sagt er, genau wie ihre verfluchte Mutter. Und vielleicht stimmt das sogar, denkt sie, denn sie weint nie. Niemals.

Aber immerhin kann sie lachen. Vor allem wenn die Bazooka abgeht. Wenn die Bazooka abgeht, lachen alle, sogar Leute, die sonst nicht lachen, lachen. Die Bazooka. Mein Gott, wenn sie jetzt nur eine hätte! Sie laden und anzünden, dran ziehen und inhalieren, in den Lungen lassen, wieder ausatmen und lachen. Über Daddy, selbst wenn er sie schlägt; seine Schläge kitzeln, Blut wird zu geschmeidigem Samt, blaue Flecken verwandeln sich in Schmuckstücke und sein Schwanz gleicht einem Zauberstab.

Wie soll sie das nur mit dem Kaffee hinkriegen? Dass er stärker wird? Daddy merkt es, ganz bestimmt, immerhin ist er noch nüchtern. Zumindest bis er zum Schnapsladen schleicht und sich seine Flasche holt, vorausgesetzt, er kann anschreiben lassen, was er sicherlich nicht kann, weil die ganze Nachbarschaft über ihn Bescheid weiß, schließlich haben Caesar und Luckyfoot und Bazooka Joe, der an der Ecke Raketen verkauft, für die

Kolumbianer, die das Kehledurchschneiden genauso fix erledigen wie das Besteigen ihrer Frauen, jedem kleinen Pisser hier alles über Daddy auf die Nase gebunden.

Er nippt am Kaffee, fixiert sie mit den verquollenen, halb geschlossenen Augen eines angeschlagenen Boxers. Sie bemüht sich, ein unbeteiligtes Gesicht aufzusetzen, zieht den Bauch ein, hält die Luft an.

»Was ziehst du für 'ne Fresse, blöde Sau?«

Gut, er merkt nichts. Sie geht zum Spülbecken und befühlt ihre Stirn, es hat aufgehört zu bluten und trocknet bereits an. Sie pult den Schorf von ihrem Nasenrücken und verfolgt, wie die Schüppchen im Becken landen.

»Wenn ich zurückkomme, ist dieser Schweinestall hier sauber! Sollte wer kommen und nach mir fragen, sagst du, ich bin nicht in der Stadt. Hast du verstanden?« Sie nickt, doch das bringt ihn in Harnisch.

»Was ist? Hast du deine Scheißzunge verschluckt? Soll ich sie dir rausholen?«

»Nein. Ich hab's gehört, Daddy. Wird alles erledigt, Daddy.«

»Das will ich dir geraten haben!«

Sie lauscht an der Tür, als er die Treppe hinunterstapft, zählt jede Stufe, bis das knarrende Quietschen der elften zu hören ist. Jetzt ist sie sicher, dass er tatsächlich auf dem Weg nach draußen ist, dass er nicht versucht, sie auszutricksen, indem er sich zurückschleicht, um sie dabei zu erwischen, dass sie nicht sauber macht, nicht das tut, was er von ihr verlangt, was ihm das Recht gäbe, sie zu schlagen und zu verprügeln und ihr Gesicht gegen den Wasserhahn zu knallen. Vom Fenster aus beobachtet sie, wie er aus der Tür linst und – als die Luft rein ist –

sich dicht an den Hauswänden entlang davonmacht.

Bazooka!, schießt es ihr durch den Kopf. Ab zu Pedro, Bazookamunition organisieren. Vielleicht hängt Willy noch bei ihm ab, das sichert ihr fünf. Pedro kann auch ein oder zwei klarmachen, dann sind wir bereit zum Abflug.

Bevor sie geht, klebt sie sich zwei kleine Pflaster auf die Stirn und drückt ihr Haar herunter, damit's nicht so auffällt.

»Mann, Londa! Verdammt, wir haben's grad mal elf Uhr morgens!«

»Bitte, Pedro. Wollen wir nicht was besorgen, komm schon ... «

»Du Schlampe gehst mir richtig auf die Eier, weißt du das?«

»Tut mir leid.«

»Ach, halt die Klappe und komm rein.«

Er tritt beiseite und sie huscht hinein, sieht sich um. Er ist allein, von Willy keine Spur.

»Wo ist dein Cousin?«, fragt sie.

»Zu Hause.«

»Ach?«

»Ist wohl nicht so auf dich abgefahren.«

»Wie? Ich hab ihn gut gelutscht, richtig gut sogar.«

»Deine verdammten Zähne. Als ob er seinen Schwanz in einen Fleischwolf stopft, hat er gemeint.«

»Ich hab mich vorgesehen, Pedro, das weißt du. Ich hab noch nie einen gebissen, dich nicht, niemanden, das weißt du genau, Pedro, also komm schon!«

»Hey, was willst du mir eigentlich verklickern? Es ist sein Schwanz und wenn er den nicht in deinen Mund stecken will, was soll ich ihm da sagen? ... Vielleicht besorgst du's Parker, der gibt uns dann was.«

»Hat er denn was?«

»Er hat immer was.«

Parker ist mit jemand Bestimmtes verwandt. Wer, weiß keiner, und keiner fragt, denn wenn Parker von dir die Schnauze voll hat, bist du Geschichte, rappklapp. Ein zufälliger Schuss in den Hinterkopf und schon taucht deine Leiche im East River auf, mit dem Gesicht nach unten im Wasser treibend wie ein aufgeblähter Sack Scheiße. Alles in allem ist Parker schon in Ordnung, immer einen Scherz auf den Lippen und eine Bazooka-ladung in der Tasche. Leg dich nur nicht mit ihm an.

Londa hat ihn nie gebissen und sie benutzt auch kein Kondom, also erwärmt sich Parker für die Idee vom Gratisblasen gegen Stoff. Ein paar Hits, ein paar Scherze, ein bisschen Schwanzlutschen, mehr Hits, mehr Scherze, Schwanzlutschen, Schlucken inklusive, noch mehr Hits, ein bisschen Gras, zwei Pillen für jeden, mehr Hits, und Parker muss los.

Londa fliegt durch die Straßen, hebt ab über dem Rinnstein, mit ausgebreiteten Armen. Alles ist perfekt, das Leben ein Traum, sie ist so glücklich, auf alles geschissen, sogar auf Daddy.

Sie dreht sich um und Pedro ist weg. Er muss sich aus dem Staub gemacht haben, als sie abgelenkt war. Zusammen mit dem Crack, das Parker ihnen gegeben hat. Scheiße. Allein. Auf der Straße, noch im Flug, beginnt sie zu zittern. Der Absturz ist tief, und bist du erst mal unten, hast du Mühe, wieder hochzukommen. Du bleibst in der Scheiße liegen, wie niedergedrückt von ihren kalten, eisenharten Händen, die dir an die Kehle gehen und sich in dein Fleisch krallen, dein Herz umklammern und es geradewegs aus deinem Brustkorb reißen. Sie lehnt sich gegen eine Häuserwand, bleibt dort, zehn Minuten, vielleicht auch vier Stunden. Zeit für die nächste Ladung, den nächsten Hit.

Die Wirkung von Parkers Stoff ist verflogen. Wo ist Pedro? Sie ziehen's gemeinsam durch, so war's abgesprochen. Er macht die Typen klar und sie erledigt den einfachen Part, den, der ihr zukommt, den sie seit sieben Jahren, also quasi ihr halbes Leben lang erledigt. Jetzt ist sie auf sich allein gestellt und wenn Caesar sie erwischt, dann Gnade ihr Gott! Sie hastet zum Lagerhaus-Club, wo immer was abgeht. Als sie auf Bazooka Joe trifft, der sie fragt, wann sie wirft, fällt ihr plötzlich auf, wie hässlich er ist. Mit den kalten, dunklen Augen an den Seiten seines Schädels könnte er in zwei verschiedene Richtungen gucken, wenn er wollte, wie eine Schlange. Wäre Bazooka Joe nicht immer so gut bestückt mit Munition, die verbrauchteste Nutte würde ihn keines Blickes würdigen.

Bracker lässt sie rein und die Party beginnt. Londa raucht die Pfeifen der Jungs und lutscht ihre Schwänze, tötet sich innerlich ab, doch genau das ist der Zweck. Jo Joe Cordero versucht, sie in den Arsch zu ficken, aber sie zieht eng zusammen, also lässt er ihn rausflutschen und spritzt ab in ihr Gesicht. Man tritt ihr in den Bauch, wer, sieht sie nicht. Bracker zündet noch eine an, jeder nimmt einen Zug, während Londa Eddie Larue einen abkaut – wär Eddie nicht schwarz, hätte er auch ein Weißer sein können.

Es ist spät und Daddy wird bald zu Hause sein, wird sein Abendessen erwarten, selbst wenn er keinen Hunger hat und keinen Krümel essen will. Also bettelt

Londa um was für unterwegs. Jo Joe pinkelt in die Ecke und über seine Schulter hinweg sagt er lachend: »Fick dich, Londa, komm her und trink meine Pisse!«, und alle feixen, nur nicht Londa, denn vielleicht meint er es ernst. Man wirft ihr einen Brocken hin, sie kriecht über den Boden, bedankt sich und verspricht jedem einen Blowjob für morgen, geht hinaus auf die Straße, vorbei an Bazooka Joe, der von Minute zu Minute mehr wie eine Schlange aussieht.

Daddy liebt Hot Dogs und wenn sein Hunger nicht allzu groß ist, fällt auch für sie einer ab. Als sie das Wasser heiß macht, bleibt ihr Blick an der offenen Flamme hängen, und es fährt ihr durch den Sinn, dass sie was in der Tasche hat.

»Wo zum Teufel ist der Senf?«

Sie springt zum Kühlschrank, reißt die Tür auf, wie konnte sie nur den Senf vergessen?! Immer sind es Kleinigkeiten, mit denen sie sich Probleme einhandelt, die dafür sorgen, dass er ihr mächtig eine schmiert, die Zähne ruiniert, die Muschi malträtiert. Daddy schnappt sich den Senf und verschlingt die drei Hot Dogs, als wär sein Hals ein Klo. Er mustert sie so komisch, irgendwas geht ihm durch den Kopf. Sie hält den Atem an, zieht den Bauch ein und gibt sich unschuldig.

»Hast du deine verdammten Tage? Irgendwie siehst du aus wie ein Sack Scheiße!«

»Ja, Daddy, ich bin wieder dran. Tut mir leid, ich kann's nicht ändern, das passiert nun mal.«

»Scheiß blutende Tiere seid ihr, allesamt!«

Er boxt sie in den Magen, will sehen, ob sie zuckt, doch sie zuckt nicht, taumelt lediglich rückwärts gegen die Wand und verharrt dort, falls er noch mal zuschlagen will. Er dreht sich um und geht ins andere Zimmer. Sie hält sich den Bauch, der jeden Tag runder wird, weiß, sie wird was unternehmen müssen, und zwar bald. Pedro kann sie in die Klinik bringen oder, sollte er keinen Bock drauf haben, seinen Freund Ralphie aus der Apotheke auf der 135sten Straße überreden, es zu tun; sie könnte ihm einen blasen und er macht's umsonst und kommt vielleicht noch mit ein paar Pillen und Kodein rüber.

Daddy bleibt heute Abend zu Hause. Hängt auf der Couch ab, die Flasche vorm Hals. Londa muss die Bazooka abfeuern, aber erst wenn Daddy fest eingeschlafen ist. Einfach am Küchenfenster sitzen, jeden Blickkontakt vermeiden, hinunter in den Hof schauen. Die Ratten im Müll zählen, so tun, als wäre man eine Familie. Scheiße, eine Familie! Morgen wird sie Pedro bitten, ihr aus der Klemme zu helfen, dann kann sie auch mehr Bazookamunition organisieren, weil sie nicht mehr dick und hässlich ist, und wenn sie mit den Zähnen aufpasst, überlegt es sich Willy vielleicht anders und gibt ihr noch 'ne Chance. Sie hält das Crack in der schweißfeuchten Hand, hält es fest umklammert, spürt seine Magie in den Fingerspitzen. Daddy wird bald eingeschlafen sein. Sie wüsste gern, was Mommy so macht, ob sie noch lebt und wenn ja, woran sie in diesem Augenblick denkt. Vielleicht denkt Mommy gerade an sie, während sie an Mommy denkt. Wenn das stimmt, wär das so, als wär sie nicht allein.

Vielleicht, wenn sie sich ganz stark konzentriert, erscheint Mommy ihr im Traum; Mommy könnte sich davon überzeugen, dass Daddy okay, aber immer noch gemein ist, ab und zu. Ob Mommy wollen würde, dass sie's kriegt? Nein, sicher nicht, schließlich hat Mommy selber zwei weggemacht. Mann, was ist Daddy ausgerastet, als er das Blut in der Wanne gesehen hat! Mit dem Gürtel hat er Mommy geschlagen, ihre Brüste mit einem Schraubenzieher bearbeitet und versucht, das ganze Zeug wieder in sie reinzustopfen ... Vielleicht, wenn sie die Bazooka abgefeuert hätte, wäre Mommy das alles egal gewesen.

Daddy ist jetzt weggetreten. Die Pfeife holen und am Fenster anzünden, den Rauch nach draußen blasen, für die Ratten im Hof. Diesen Rauch tief einatmen, dieses süße Parfüm, das dir alle Last von den Schultern nimmt und du dir einbilden kannst, du wirst geliebt, bist kein Stück Dreck, keine abgebrühte, verlogene, bösartige Fotze wie deine verfluchte Mutter.

Im Dunkeln hört sie, wie die Kakerlaken über den Herd krabbeln, das Tripp-Tripp-Trippeln ihrer Füße, und in ihrer Phantasie reden sie mit ihr.

»Hey, Londa!«

»Yeah? «

»Was willst du Daddy erzählen? Er wird behaupten, du hast es extra gemacht, dann wird er dich mit dem Gürtel verprügeln und deine kleinen Titten mit einem Schraubenzieher bearbeiten.«

»Er wird nicht dahinterkommen, weil Pedro sich drum kümmert.«

»Hey, Londa!«

»Yeah?«

»Ist alles alle? Oder hast du noch was für uns?«

»Da hättet ihr früher anklopfen müssen, jetzt ist alles alle. Es ist im Hof bei den Ratten.«

»Du bist ein egoistisches Schwein!«

»Was brennt da?«, tönt es aus Richtung Couch. »Was

zum Teufel verbrennst du hier drin?!«

Daddy stolpert herein und haut sie vom Stuhl. Er schaltet das Licht ein, und die Kakerlaken huschen zurück in den Backofen, lachen, während sie verschwinden. Daddy hat die Pfeife auf dem Fußboden entdeckt und schnappt sie sich. Londa sitzt auf dem Boden, pickt sich einen Fliesensplitter von der Wange und versucht sich zu erinnern, in welchem Raum sie ist.

»Dafür also geht mein Geld drauf! Du verfluchte ... ich strampel mich ab und du ... du ... « Daddy ist hochrot im Gesicht, aus seinem Mund tropft Spucke, er ist so drüber, dass er nicht mal sprechen kann. Londa grinst, und er verspürt den Drang, ihr die abgebrochenen Zähne in den Schlund zu drücken. Stattdessen packt er sie am Haar, schleift sie ins Zimmer, tritt und drischt sie gegen die Couch und reißt ihr alle Sachen vom Leib, bis sie nackt ist. Er schlägt sie ins Gesicht, beißt ihr in die Brustwarzen, doch Londa schreit nicht, gibt nicht den kleinsten Laut von sich, ihr Verstand sagt ihr, dass nichts von alldem wirklich geschieht. Daddy wirft sich auf sie, auf ihren runden Bauch, stößt in sie hinein, wieder und wieder, bis er ihn rauszieht, und als er kein Blut entdeckt an seinem Schwanz, dreht er noch mehr durch. Er tituliert sie mit Ausdrücken, deren Bedeutung er nicht mal kennt, dennoch sprudeln sie heraus und täten sie's nicht, würde er sich ein Messer aus der Küche holen, Londa aufschlitzen und ihre Eingeweide aus dem Fenster schmeißen. Daddy sieht hinüber zu seiner leeren Flasche, erwägt, Londa das Ding über den Schädel zu schlagen, besinnt sich jedoch anders und zwingt Londa ins Badezimmer, drückt ihr Gesicht in die Toilette, schlägt es gegen das Porzellan, bis die scharfkantigen Zähne Partien ihrer Lippe aufreißen. Egal, Londa wähnt sich in einem Traum. Sie verspürt keinen Schmerz, weil sie hoch oben fliegt und an Mommy denkt, die an sie denkt, und solange das so ist, ist sie nicht allein. An die Badewanne gelehnt, spuckt sie Blut und Spucke, während Daddy vor ihr aufragt, flucht und lange, schleimige Speichelfäden hervorwürgt; Daddy ist so was von eklig, wenn er sauer ist, dass es fast zum Lachen ist. Seine Schuhe mit den Stahlspitzen finden ihr Ziel und sie muss kotzen, doch was interessiert es sie? Wenn's vorbei ist, lässt Daddy sie in Ruhe und sie kann losziehen, um Pedro aufzutreiben, um es ein paar Jungs zu besorgen und die Bazooka abzufeuern. Sie verliert Blut, es rinnt über den Fliesenboden, wärmt ihr die Beine, doch selbst das ist ihr egal. Eines Tages wird Daddy es bereuen. Dann wird er richtig nett sein, wird mit ihr reden und sie in den Arm nehmen, wird sie lieb haben und alles wird besser sein, weil es keine abgebrühten, verlogenen, bösartigen Londas mehr geben wird, die, genau wie ihre verschissene Mutter, dafür sorgen, dass er so unausstehlich ist.

Daddy hat verlangt, dass sie das Blut wegwischt und die Toilette sauber macht, wenn nicht, würde es ihr leidtun. Sie weiß, sie hat das Baby verloren, Daddy hat ziemlich heftig zugetreten. Londa macht sich daran, die Schweinerei zu beseitigen, während Daddy zur Couch geht, sich hinlegt, wo er einpennen und in die Unterhose pinkeln wird, um am anderen Morgen aufzustehen und mit dem ganzen Scheiß von vorn anzufangen.

NACHTSCHICHT IN DER BODEGA

Manny rackert sich ab für seine Familie. Macht zwei Jobs, jeden Tag. Tagsüber als Wachmann im Terminal Hotel, wo ein Tag ohne Blut wie ein Tag ohne Sauerstoff ist. Im Anschluss nach Hause, essen und die Kinder sehen. Dann legt er sich hin und steht um zehn in der Nacht wieder auf, um sich hinter die Kasse der Drecksbodega zu stellen, umgeben von Regalen voller verbeulter Bohnenkonserven, Reis, Käse, Milch, Zigaretten, Bier, außerdem das Lotto. Keine Ahnung, wie lange er das noch durchstehen kann, allmählich zerrt es an seinen Nerven. Vergangene Woche stand er kurz davor, Concetta zu schlagen, als sie mit einer Sache anfing, von der er überhaupt nichts wissen wollte. Zum Glück konnte er sich im letzten Moment beherrschen. Sie hat ihn schließlich in Ruhe gelassen, doch er hat sich richtig beschissen gefühlt, denn er liebt sie, sie und die Kinder, sie sind alles für ihn. Sie brauchen ihn. Und er will verflucht sein, wenn sie seinetwegen beim Sozialamt betteln müssten wie Fat Tony und seine Mutter, die gegenüber wohnen. Also schiebt er Nachtschicht. Was das betrifft, lief es bisher gut.

Anfänglich ging Manny zur Schule, träumte vom Geldverdienen. Aber dann kam Ramon und die Träume mussten der Wirklichkeit weichen, Wolken sind bekanntlich zum Verzehr ungeeignet. Als die Rechnungen Manny fast zu ersticken drohten, verlegte er sich nicht aufs Fluchen, aufs Prügeln, machte sich nicht davon, sondern zog los und besorgte sich einen Job als Tellerwäscher in einem schicken Restaurant. An manchen Abenden durfte er die Reste erlesener Menüs mit nach Hause nehmen; er und Concetta fühlten sich wie Mr. und Mrs. Trump, verspeisten Sachen, deren Namen sie nicht mal aussprechen konnten. Sicher, es war schwer zu dieser Zeit, doch solange er Concetta hatte, war er glücklich und entschlossen, ihr Besseres zu bieten.

Ein Jahr nach seiner Geburt war klar, dass mit Ramon etwas nicht stimmte. Er war anders. Dinge, zu denen er hätte fähig sein müssen, konnte er einfach nicht, sich selbstständig aufsetzen zum Beispiel. Komisch, alle Ärzte meinten, er sei in Ordnung, und genau deshalb hat Concetta kein Vertrauen zur öffentlichen Klinik. Sechs Monate nach Ramons erstem Geburtstag kam Alva zur Welt. Manny nahm den Job als Wachmann an und hielt diesen Schritt weg vom Tellerwäscher für einen Schritt nach oben; viel mehr Geld verdiente er nicht, vor allem verdiente er nicht genug. Als Ravi von der Drecksbodega dann fallen ließ, dass er jemanden für die Nachtschicht suche, sagte Manny zu. Zwar hatte Ravi vergessen zu erwähnen, dass er in den letzten Monaten während dieser Schicht mehrmals überfallen worden war, aber in Mannys Fall hätte das nichts an der Entscheidung geändert. Concetta fragte ihn, wann er schlafen wolle, wann sie ihn zu Gesicht bekämen, wenn er nie zu Hause war, und überhaupt, die Gefahr, sich spät in der Nacht da draußen den ganzen Verbrechen aussetzen, die ganzen Crackheads, aber er sagte, er nehme den Job auf jeden Fall an, also gab sie klein bei.

Während der Nachtschicht lässt sich niemand blicken, sieht man von Besoffenen ab, die Bier wollen, oder dem vereinzelten Kiffer auf der Suche nach Blättchen, die Ravi zum Wucherpreis von fünfundneunzig Cent verkauft. Um vier Uhr morgens geht Manny nach Hause, nickt ein, bis

Concetta ihn um fünf weckt, ihm das Frühstück zubereitet und ihn an der Wohnungstür verabschiedet.

Im letzten Monat hat Alva ihre ersten Schritte gemacht, doch Manny war arbeiten und konnte es nicht sehen. Ramon wird vielleicht nie laufen, er weint die ganze Nacht und gleichgültig wie viel Essen oder Medizin er bekommt, er hört niemals auf zu weinen. Manny sieht, unter welchem Druck seine Frau deshalb steht, bekommt sie doch genauso wenig Schlaf wie er. Aber es ist den Stress wert, sagt er sich, solange sie einander haben und eine Familie sind. Eines Tages werden sie von hier wegziehen, dafür legt er schon eine Weile Geld zurück, ja, eines Tages werden sie weg sein. In letzter Zeit hat sich die Gegend verändert; viele neue Gesichter – obdachlose Bettler, Säufer, Junkies, lauter Fremde – und man kann nicht mal auf dem Bürgersteig laufen, ohne auf Glasröhrchen zu treten. Während der Nachtschicht kehrt Manny die Dinger in den Rinnstein und so können die Kids sie für fünf Cent das Stück an Kenny Carter verhökern.

Draußen sind Leute vorbeigegangen, haben reingelinst, Leute, die verdächtig ausgesehen haben, mit geweiteten Augen, abgerissen, Leute, die sich gekratzt und die Haut gerieben, die den Laden gecheckt haben, bis Manny sie direkt angesehen hat, von seinem Platz hinter dem Tresen, woraufhin diese Leute davongeeilt sind. Es kann sich für Ravi überhaupt nicht lohnen, die ganze Nacht geöffnet zu haben. Es spielt sich nämlich gar nichts ab. Wenn am Ende zwanzig Dollar in der Kasse liegen, ist es eine gute Nacht gewesen, was Manny allerdings nie ansprechen würde, denn täte er es und stimmte Ravi ihm zu, wäre Manny seinen Job los.

Das Sonnenlicht sickert bereits durch die Jalousien, als Concetta noch immer mit Ramon in der Küche sitzt. Er quengelt und verweigert die Flasche. Manny geht ins Zimmer und wirft sich auf die Couch. Schließt die Augen und ist bereits am Wegdriften, als ein kleiner, spitzer Schrei aus der Küche sein Bewusstsein durchsticht. Hätte Manny einen anderen Charakter, würde er den Kleinen auf der Stelle umbringen. So aber geht er in die Küche, wo er eine todmüde Concetta vorfindet, ihre geschwollenen Augen dunkel umschattet, die Mundwinkel nach unten gezogen, die Wangen feucht und gerötet. Es quält ihn, sie so zu sehen, denn sie ist die schönste Frau, der er jemals begegnet ist. Er nimmt ihr Ramon ab und sagt, sie soll versuchen, ein wenig zu schlafen, und sie verschwindet ins Schlafzimmer, während er, seinen Sohn im Arm, auf und ab geht.

»Schhh, komm schon, Ramon, nicht weinen«, flüstert er in beruhigendem Tonfall. »Mama ruht sich aus und das solltest du auch. Schhh, mach die Augen zu.«

Ramon stößt einen weiteren durchdringenden Schrei aus, und für einen Moment verspürt Manny den Drang, das ganze gottverdammte Bündel aus dem Fenster zu schleudern. Stattdessen drückt er ihn fester an sich, küsst sein Gesicht und hasst sich dafür, so etwas auch nur im Ansatz erwogen zu haben. Den Kleinen trifft keine Schuld, sagt er sich, er hat nicht um das Downsyndrom gebeten. Alva fängt in ihrem Bettchen an zu weinen, doch bevor Manny hineingehen kann, bringt Concetta sie schon in die Küche. Sie sehen einander hilflos und mit müden Gesichtern an, und Manny fühlt sich weniger als Mann als für gewöhnlich. Es ist alles meine Schuld, denkt er, weil ich so stur bin. Sein verdammter Stolz bringt sie um alle Chancen. Er könnte einen Haufen Geld verdienen, mehr als mit seiner Hände Arbeit, würde er für Luckyfoot arbeiten. Nicht mal verkaufen oder berühren müsste er das Zeug, müsste es nur von einem Ort zum anderen bringen, damit die Bazooka-Jungs es verticken können. Doch für Manny kommt so etwas überhaupt nicht infrage, so ist er nicht erzogen worden, also steht er um halb sechs am Morgen in seiner kleinen Küche, den schreienden Sohn im Arm, während seine Frau am Rande eines Zusammenbruchs balanciert.

Concetta füttert Alva, setzt sie anschließend zum Krabbeln auf den Boden, gibt Manny ein Glas warmes Pfirsichmus für Ramon, der es sich schließlich schmecken lässt. Sie nimmt Manny den Jungen ab und meint, Manny soll versuchen, noch ein wenig zu schlafen, und dass sie ihn in einer halben Stunde wecken wird. Manny küsst sie und entschuldigt sich insgeheim dafür, dass die Dinge so sind, wie sie sind.

Als er erwacht, ist alles fürs Frühstück bereit, der Tisch gedeckt, der Kaffee eingegossen. Alva sitzt in ihrem Hochstuhl und spielt mit dem Fläschchen; Ramon schläft in seinem Bett und Ruhe ist eingekehrt. Wenn es doch immer so wäre, denkt Manny, der die Szene von der Couch aus beobachtet. Er steht auf, zieht seine Uniform an und setzt sich an den Tisch, während Concetta die Eier wendet. Alva gibt Laute von sich. Noch sind es keine Worte, bald aber, denkt Manny, wird sie sprechen und lernen und malen und in die Schule gehen und ihrer Mutter beim Kochen und Saubermachen helfen und sich um ihren Bruder kümmern. Sie ist intelligent, diese Alva, das kann man jetzt schon sehen, ihre Art, Dinge zu untersuchen, ihre Augen, die alles aufsaugen wie ein Schwamm. Ja, sie werden beide sehr stolz auf sie sein. Mit seiner Frau auf der einen und seiner Tochter auf der anderen Seite des Tisches, mit einem stillen, schlafenden Ramon kommen Manny seine Jobs nicht mehr ganz so anstrengend vor, die Stunden nicht mehr allzu lang. An der Tür küsst er seine Frau, streicht ihr das Haar aus dem Gesicht und sagt, sie soll sich ein wenig hinlegen, jetzt, wo der Kleine ruhig ist.

Sie sind urlaubsreif, brauchen eine Auszeit, irgendwas, um mal ein paar Tage rauszukommen, nur sie zwei. Im Frühjahr kommt Concettas Mutter aus Puerto Rico. Sie könnte sich um die Kleinen kümmern, während Concetta und er für ein paar Tage verschwinden, und sei es auch nur in ein Motel in Jersey. Zwei Stationen, bevor er aussteigen muss, wacht Manny auf, reibt sich die Augen und ignoriert den Bettler mit dem Styroporbecher. Er geht die 8te Straße entlang und sieht ein Mädchen aus dem Hotel kommen, das sich, bekleidet mit einem superkurzen Minirock, in ein Auto beugt, so, dass man ihr in den Schritt gucken kann. Zimmer 419, erinnert er sich. Sie wohnt dort mit ihrer Mutter und drei jüngeren Brüdern. Manny geht die Frage durch den Kopf, ob die Mutter wohl weiß, was die Tochter so treibt, bis er beim Hotel ankommt und bemerkt, dass die Mutter beobachtet, wie ihre Tochter in den Wagen schlüpft.

Kaum dass sie wach ist, fängt Concetta auch schon an zu putzen. Sie mögen zwar in einer Bruchbude wohnen, doch die wird aussehen wie ein Palast, wenn Manny nach Hause kommt. Alva sitzt in ihrem Stuhl, während ihr Bruder sich in seinem Bett windet und wimmert. Concetta schrubbt die Böden, reinigt die Wände, poliert die Möbel, macht das Bett. Sie nimmt den Kleinen in den Arm, wiegt ihn, bis er eingeschlafen ist. Wenn nur Alva ebenfalls schlafen würde, könnte sie es auch, doch Alva ist putzmunter, lächelt und brabbelt auf ihre Mutter ein, dann greift sie nach ihrem Fläschchen und schüttelt es. Concetta hebt sie aus dem Stuhl, lässt sie in der Küche umherlaufen und hält sie dabei an den hochgereckten Ärmchen fest. Alvas Schritte werden sicherer, die Balance entwickelt sich, bald wird Alva allein laufen können. Sie ist ein so braves Mädchen, denkt Concetta, ein Segen, sie um sich zu haben und für sie sorgen zu können. Ohne Ramon wären sie alle besser dran. Über das Bett gebeugt, beobachtet Concetta ihn im Schlaf und fragt sich, welches Leben ihm bevorsteht. Es ist schwierig genug, sich zu behaupten, wenn man normal ist. Und als sie auf ihren Sohn hinunterblickt, auf seine unruhigen Lider und spasmisch zuckenden Gliedmaße, hätte sie am liebsten geweint. Sie möchte ihn berühren, ihn gesund machen und eng an sich drücken, ihn mit Liebe und Küssen überhäufen, denn er ist ein hübscher Junge, genau wie sein Vater, und wenn sie ihn ansieht, muss sie immer an Manny denken, aber oh Gott, alles in seinem Leben wird sich gegen ihn wenden. Sie erinnert sich, dass, als sie mit ihm schwanger war, ihre Schwester Marie meinte, sie solle es abtreiben lassen, sie sei zu jung für ein Kind, dass ein Mädchen mit sechzehn ausgehen und Spaß haben, sich aber nicht an einen einzigen Kerl hängen sollte. Marie mag Manny, sie wollte damals nur nicht, dass ihre Schwester in die Falle tappte, in der sie jetzt hockt. Manny hat nie etwas davon mitbekommen. Er hatte genug damit zu tun, die Schule zu schmeißen, einen Job zu ergattern, sich um Concetta zu kümmern und sie zu behandeln wie eine Königin. Aber so etwas würde Marie nie verstehen.

Manny wartet vor dem Hotel auf die Cops. Der Streifenwagen hält mit flackernden Lichtern und Manny geht voran in die Lobby, wo er den Bullen mitteilt, dass es in Zimmer 712 ist. Sie wenden sich Richtung Fahrstuhl, doch Manny informiert sie, dass der außer Betrieb ist, woraufhin die Bullen einander mit angewidertem Gesichtsausdruck ansehen. Manny zuckt mit den Schultern. Sie steigen die Treppe hoch. Eine Horde Kinder auf dem ersten Treppenabsatz suchen bei ihrem Anblick das Weite. Die Frau auf Zimmer 712 weint hysterisch und hält ihr kleines Kind an sich gedrückt. Der Typ liegt auf dem Bett, die Pumpe noch im Arm, und seine knochentrockenen Augen starren ins Leere.

»Scheiße, muss wohl Arsen gewesen sein«, sagt der eine Cop zum anderen und fragt dann Manny, ob er den Mann so gefunden habe, und Manny erklärt, die Frau sei heruntergerannt gekommen und der Mann bereits tot gewesen.

»Gut, dann schließen Sie das Zimmer ab, bis der Rettungswagen kommt.«

»Rettungswagen?«

»Die müssen ihn offiziell für tot erklären, nicht wir.«

Der zweite Cop will die Frau aus dem Zimmer bringen, aber sie wehrt sich, schreit, veranstaltet ein derartiges Theater, dass der Flur im Nu voller neugieriger Gesichter ist. Manny versucht, sie in Schach zu halten, doch da die Neuigkeit im Hotel die Runde macht, drängen immer mehr in den Flur in der Hoffnung, einen Blick auf den Toten zu erhaschen. Man könnte meinen, sie hätten noch nie eine Leiche gesehen.

Auf seinem Weg von der U-Bahn zu seiner trostlosen

Straße kommt Manny an der Drecksbodega vorbei und bevor er hinübergeht zu seinem Haus, winkt er Dusty Jones zu, der die Abendschicht abreißt. Die Bazooka-Jungs sitzen auf den Stufen, machen sich lustig über Manny, als er an ihnen vorbeigeht, nennen ihn »Mr. Sicherheitsdienst in seiner Uniform«, aber er lacht nur, tut es ab, weiß er doch, dass sie eines Tages mit wegge-pusteten Hirnen im Rinnstein liegen werden, also, lass sie sich amüsieren, solange sie noch Gelegenheit dazu haben. Tiny Pinto spuckt vor ihm aus und Manny bleibt stehen, dreht sich um zu den Jungs, ein wütendes Fun-keln in den Augen, und sie starren zurück, als legten sie es auf eine Auseinandersetzung an, doch Manny kehrt ihnen einfach den Rücken zu und geht weiter, während sie ihn verspotten und ihm hinterherjohlen. Wäre Tiny Pinto ein wenig älter gewesen, Manny hätte ihm einen Tritt in den Arsch verpasst – Tiny Pinto, der mit seinen zwölf Lenzen als Kurier in zwei Tagen mehr Geld macht als Manny in zwei Wochen.

Ramon schreit ununterbrochen, das gesamte Abendes-sen über, die ganze Zeit hindurch. Concetta bemüht sich, ihn zu füttern, aber er will nicht essen, schreit nur. Manny versucht ein wenig zu dösen, schafft es jedoch nicht bei diesem Lärm; sein Schädel droht zu zerspin-gen, seine Augen tun weh und sein Magen verknotet sich. Er zieht sich um und erklärt Concetta, dass er es nicht mehr aushält und für eine Weile raus muss. Und was ist mit Schlafen?, fragt sie, wie er ohne geschlafen zu haben arbeiten will? Wer soll bei dem verdammten Geschrei, das er veranstaltet, schlafen können?, gibt Manny zurück. Ramon kann nichts dafür, sagt sie, und dass sie ihn ins andere Zimmer bringen, ihn auf dem

Arm behalten wird, damit er sich beruhigt. Diese Mühe kann sie sich sparen, meint Manny, weil er jetzt geht. Concetta reagiert stinksauer, keift, das ist nicht fair, zu Hause zu bleiben ist auch kein Vergnügen, wenn man kochen, sauber machen und die Kinder versorgen muss, doch er kann's gern mal probieren, wenn er glaubt, das erledigt sich so nebenbei, doch er erwidert nur, dass sie den Mund halten und ihm aus den Augen gehen soll. Als er im Begriff ist, die Wohnung zu verlassen, schreit sie seinen Namen, woraufhin er kurz vorm Ausklinken ist und die Adern, die dabei an seinem Hals hervortreten, Concetta eine Wahnsinnsangst einjagen. Sie weicht zurück, als Alva zu weinen beginnt und Ramon einen markerschütternden Klagelaut ausstößt, der Manny das Hirn zerreißt.

»HALT DEINE VERDAMMTE KLAPPE, DU SCHEIß...«, er tritt an Ramons Bett, sucht nach Worten, doch abgesehen von seiner Spucke, die wie Spinnweben an seinem Kinn hängenbleibt, bringt er nichts hervor. Concetta drängt ihn weg von Ramons Bett und sagt, er soll verschwinden und tun und lassen, was er will, denn irgendwann wird er Ramon wirklich umbringen und dann wird es zu spät sein. Manny sieht die Tränen in ihren Augen, sieht ihr müdes Gesicht und würde gern Abbitte leisten, aber er ist einfach zu geladen, also verlässt er wortlos die Wohnung, wo Alva und Ramon im Duett plärren.

Fünfmal geht er um den Block, versucht, wieder runterzukommen. Der Tag hat zu wenig Stunden, denkt er, das Problem ist, dass man nicht genug Zeit hat. Er beobachtet, wie die Autos an der Straßenecke halten und Bazooka Joe Raketen gegen Bares tauscht. Die Bazooka-

Jungs lungern ebenfalls herum, sagen aber nichts und das ist auch gut so. Schließlich geht er in die Drecksbodega, um Dusty Jones ein wenig Gesellschaft zu leisten. Dusty arbeitet bis Mitternacht, dann besorgt er sich Angel Dust, was Ravi nicht juckt, solange Dusty nicht während der Arbeit raucht. Dusty hat noch nie jemanden umgebracht und schwört, dass Angel Dust sanft ist, dass es ihn entspannt und er deshalb die Hände lässt von Crack, Heroin, Speed und Ecstasy und solange er Angel Dust hat und cool bleibt, ist das seine Angelegenheit und hat niemanden zu interessieren. Manny bietet sich an, Dusty abzulösen und der zählt sein Geld, will sichergehen, dass es reicht, um Stoff zu kaufen, schnappt sich seine Jacke und verschwindet. Prima, denkt sich Manny, drei Überstunden und einundzwanzig Mäuse extra. Old Man Edwards betritt den Laden, will Bier kaufen und Lotto spielen, aber mit Briefmarken bezahlen und Manny muss ihm sagen, dass das nicht läuft. Angepisst und Flüche auf den spröden Lippen, versorgt sich Old Man Edwards mit Milchpulver und Brot.

Manny unternimmt den Versuch einer Entschuldigung, stößt allerdings bei Edwards auf taube Ohren. Aus dem Radio scheppert Salsa, während Manny den Kühlschrank mit neuem Bier bestückt. Er fegt den Boden, staubt die Regale ab und verkauft ein paar Lotterielose, bevor er hinterm Tresen Position bezieht und darauf wartet, dass die Nacht vergeht. Heute Abend ist es ruhig auf der Straße, kein Geschrei und Gejohle, keine Schlägereien oder Polizeisirenen, und das ist nie ein gutes Zeichen. Ein paar Kids kommen herein, drücken sich in der Nähe des Kühlschranks herum, sie flüstern miteinander, behalten Manny im Auge, dessen Hand auf dem Holzknüppel unterm Tresen ruht. Sie beschließen, wieder abzuschieben und diesmal nichts mitgehen zu lassen. Manny erwägt, mit Concetta zu telefonieren, um ihr zu sagen, wie leid es ihm tut und dass er sie liebt und auch Ramon, dass er niemals das täte, von dem sie unterstellt, dass er es womöglich irgendwann machte. Aber er will nicht bei Tonys Mutter anrufen, damit die Concetta vom anderen Ende des Flurs an den Apparat holt, und bei dieser Überlegung geht ihm auf, dass er sich nicht mal ein Telefon leisten kann, wohingegen Fat Tony nicht arbeitet, ja, im Grunde außer spachteln und fernsehen gar nichts macht und dennoch Telefon, Farbfernseher, Videorekorder und einen vollen Kühlschrank hat.

Gegen Mitternacht brennt draußen die Luft: Die Huren huren, die Dealer dealen und die Kids machen ihre Geschäfte mit den weißen Jungs aus Jersey, alles wie gehabt, und während er auf seinem Hocker in der Drecksbodega sitzt, zieht das Leben einfach an ihm vorbei. Um diese Uhrzeit ist keiner auf der Straße sauber, denkt er. Alle haben Waffen dabei, Drogen und so weiter, warten nur darauf, dass etwas oder jemand sie auf dem falschen Fuß erwischt, damit der Zoff richtig losgehen kann. Durchs Fenster kann er verfolgen, wie Tiny Pinto innerhalb von zwanzig Minuten ein Dutzend Mal rein- und raufläuft, wieder runterkommt und rausrennt. Meine Güte, die Scheine wechseln nur so die Besitzer, verdammt viel Geld; und jeder hat was, nur er, Manny, nicht. Um 2 Uhr 30 ist der Rauch so dick, man könnte glatt daran ersticken. Alle scheinen ihr bisschen Verstand verloren zu haben, lachen, wollen mehr, bechern vor dem Schaufenster, glotzen hinein und Manny bleibt auf der Hut, denn neben dem Rauch hängt noch etwas anderes in der Luft. Pedro läuft an der Ladentür vorbei, zieht eine Londa hinter sich her, die mit ihren geschwollenen Augen und blutenden Lippen einfach nur kaputt aussieht, die sich kaum auf den Beinen halten, geschweige denn sich damit fortbewegen kann, doch Pedro zerrt sie hinüber zu einer Gruppe von Typen und allesamt verschwinden sie in einem Durchgang zwischen zwei Häusern. Das Münztelefon klingelt – ist aber nur falsch verbunden. Jemand völlig Aufgelöstes stürmt herein, sieht Manny mit dem Hörer in der Hand, schreit, das ist für mich, entreißt ihm den Hörer und fängt an, hineinzublöken.

Manny sieht, wie der Typ ausflippt, sich die Seiten hält und einen Tanz vollführt, als müsse er übelst pissen. Er schreit ins Telefon, dass er das Scheißgeld hat, und »wenn du nicht da auftauchst, wo er gesagt hat, dann findet er dich und reißt dir den Arsch auf«. Dann brüllt er vor Lachen und knallt den Hörer auf die Gabel, während Manny hinterm Tresen steht, die Hand auf dem Holzknüppel. Der Typ nimmt Manny genau ins Visier, bevor er zur Tür hinaushetzt. Draußen bleibt er stehen, schaut fahrig in alle Richtungen, greift sich in den Hosenschlitz, pisst in den Rinnstein, dreht sich um und kommt zurück in den Laden. Manny zieht den Knüppel, doch bevor er ihn hochheben kann, blickt er in einen Pistolenlauf.

»Rück das Geld raus, Mann. HER DAMIT!«

Manny öffnet die Kasse, greift nach dem Geld, als –

»TU'S NICHT, DU IDIOT!!!«

Dann drückt der Kerl den Abzug, doch es gibt nur ein harmloses Klicken. Manny schmeißt sich hin, als der Typ ein zweites Mal abdrückt, und diesmal geht die

Waffe los und die Kugel zischt vorbei an Mannys Gesicht, verfehlt es nur um Haaresbreite. Er robbt ins Hinterzimmer, während der Typ die Kasse plündert und aus dem Laden rennt. Manny hört alle schreien und in Deckung gehen, als der Typ die Straße entlangsprintet, die Waffe für jedermann sichtbar in der Hand. Mannys Herz arbeitet wie ein Presslufthammer, er kann nicht atmen, bekommt kaum Luft, er greift sich an die Brust und versucht, zur Ruhe zu kommen, hat das Gefühl, kurz vor einer Herzattacke zu stehen. Die Ladenglocke über der Tür bimmelt unentwegt, Schritte sind zu hören, laute Stimmen, und während Manny darum ringt, am Leben zu bleiben, räumen andere die Drecksbodega aus. Die Lottomaschine spuckt Lose aus, bis sie blockiert. Manny gelingt es, sich hochzurappeln und in den Verkaufsraum zu taumeln, wo einer der Bazooka-Jungs ihn mit einem Tritt in die Eier empfängt und zu Boden schickt. Weiter unten an der Straße ertönt ein Schrei, gefolgt von mehreren Schüssen, und alles rennt los, schreit, ruft, krakeelt, die gesamte verschissene Welt dreht jetzt völlig ab, nur Manny liegt da, hält sich die Eier, weint vor Angst und Schmerz und spürt einen unendlich tiefen Hass, er will jemanden umbringen, er will jemanden umbringen, koste es, was es wolle.

Die Cops tauchen auf und Ravi ist so was von angepisst, kräht rum, dass sie überhaupt keinen Schutz mehr bieten, und wie, bitte, soll er in diesem Drecksviertel einen Laden betreiben, wenn sie, die Bullen, die Bestien frei umherlaufen lassen. Inzwischen hat sich Manny ein wenig erholt, dennoch geht er nach Hause, hält sich die Brust aus Angst, es könnte da drinnen wieder anfangen zu hämmern. Als sie die Neuigkeiten erfährt, gerät Concetta außer sich, sie umarmt und küsst ihn, drängt ihn, sich hinzusetzen, versorgt ihn mit warmer Milch und erklärt, dass er heute nicht ins Hotel zur Arbeit gehen wird. Sie erklärt, dass er die Nachtschicht vergessen kann, denn das wiegt es nicht auf, was nutzt ihnen das Geld, wenn er tot ist. Aber als er ankündigt, den Job zu schmeißen, packt Ravi zwei Dollar drauf und für neun Dollar die Stunde ist Manny wieder am Start. Ravi meint, dass es ihm jetzt reicht und wenn die unfähigen Bullen nichts für den Schutz seines Ladens tun, muss er handeln, also beschafft er sich bei einem seiner malaysischen Kumpels eine .45 Halbautomatik und deponiert sie schussbereit unterm Ladentisch für den Fall, dass wieder einer Ärger macht. Manny erhebt keine Einwände.

Die Bazooka-Jungs verhalten sich anders, wenn er jetzt die Straße entlanggeht, ihre Sticheleien werden gemeiner, ihr Feixen beunruhigt. Manny hat nicht gesehen, wer ihn getreten hat, aber er vermutet, dass es Kenny Carter war, und Kenny würde er sich als Ersten vornehmen, jawoll, Kenny wird sich noch mal wünschen, er wäre in Cleveland geboren.

Bevor er abends zur Arbeit geht, küsst er seine Frau, drückt sie an sich und erklärt ihr, wie sehr er sie liebt – sicher ist sicher. Und eine Zeit lang verläuft alles ruhig, bis zu dieser Nachtschicht, die damit beginnt, dass Manny um Viertel vor zwölf den Laden betritt, um Dusty abzulösen. Dusty quatscht drauflos, erzählt Sachen, von denen Manny noch nie was gehört hat, dass Ravi kein harmloser Ladenbesitzer ist, der sich seinen Lebensunterhalt zu sichern versucht, indem er die ganze Nacht auf hat. Laut Dusty ist Ravis Bruder in ein Geldwäsching verwickelt und sollten die Bullen ihn fest-

nehmen, braucht er ein Alibi. Dann kommt Ravi ins
Spiel und wird den Bullen auftischen, dass sein Bruder
die ganze Nacht in der Drecksbodega gearbeitet hat.
Vermutlich sind Dustys Erklärungen nicht ganz korrekt
– und wer zum Teufel hört überhaupt richtig hin, wenn
Dusty was zu erzählen hat? –, aber die Tatsache, dass
Ravi ihnen so viel hinblättert, damit sie den Laden
schmeißen, macht das Ganze ziemlich glaubhaft. Bei seinen Öffnungszeiten zahlt Ravi schließlich drauf.

Heute Nacht ist Manny echt müde, er ist kaum zum
Schlafen gekommen. In der Früh hatte er Sex mit seiner
Frau und nachdem er die Augen zugemacht hatte,
schrien sich Alva und Ramon eine Stunde lang die Seele
aus dem Leib. Ehe er sich versah, war er auch schon im
Hotel, schlafwandelte durch Müll und Gestank, umgeben von Abschaum und Geschrei, und das Geschrei zu
Hause und das Geschrei auf der Arbeit vermischten sich
zu einem einzigen gewaltigen Schrei in Mannys Innern.
Aber er verlor nicht die Kontrolle. Er beschäftigte sich
auch nicht länger mit seinem Plan, sich Kenny Carter
vorzunehmen, auf ihn einzuschlagen und seinen Schädel
in roten Brei zu verwandeln. Das ist es einfach nicht
wert. Bis auf zwei Büchsen Old English und ein Sixpack
Budweiser ist der Kühlschrank in der Bodega leer, weil
seit Wochen nichts nachbestellt wurde. Allmählich hängt
es Manny zum Hals raus, den Leuten sagen zu müssen,
dass sie ausverkauft sind, aber Ravi scheint entschlossen,
die Regale vermodern zu lassen.

Zuerst hört es sich an wie Feuerwerkskörper, und das
genau ist das Verzwickte. Abgegebene Schüsse klingen
nie, wie sie sollten. Leute schreien und suchen Schutz
unter Autos, schließen ihre Türen, jedes Fenster ist leer,

nur Mannys nicht; der linst raus, hält die Waffe umklammert, die bereit ist für jemanden oder etwas, das sich anschickt anzugreifen. Nach dem siebenten Schuss streckt eine alte Frau aus einem oberen Stockwerk ihren Kopf zum Fenster heraus und staucht diese Kids lauthals zusammen, als wären es ihre eigenen. Sie verteilen sich in alle möglichen Richtungen und mit ihnen ihre Waffen. Manny stößt einen Seufzer der Erleichterung aus, weil niemandem etwas zugestoßen ist. Dann fallen ihm die Querschläger ein, die Geschosse, die Gott weiß wohin fliegen. Er greift nach dem Telefon, ruft Tonys Mutter an und bittet sie, seine Frau vom anderen Ende des Flurs zu holen. Er erzählt Concetta, was passiert ist, aber sie hat es nicht mal mitbekommen, weil der Fernseher läuft und Ramon am Brüllen ist. Wieder legt sie los, er soll da endlich aufhören, schließlich scheint es gefährlicher denn je zu sein. Jetzt lassen sich auch die Cops sehen, aber weil niemand verletzt ist oder blutend auf der Straße liegt, gibt es keine Veranlassung anzuhalten und Fragen zu stellen, auf die sie sowieso keine Antworten bekämen. Manny kassiert fünf Dollar fürs Lotto und findet es schon komisch, dass eine Stunde nach einer Schießerei alle so tun, als lebten sie hier im Paradies.

Der Arzt hat Ramon was Neues verordnet und noch nie war der Kleine dermaßen ruhig und entspannt. Sein Schlaf ist normal, kein Zucken, kein Verkrampfen mehr, und jetzt, da sie wieder mehr Schlaf bekommt, sieht Concetta wieder aus wie ein Teenager. Das weckt in Manny das Bedürfnis, sie jede Minute zu lieben, die er zu Hause ist. Die Zulage aus der Drecksbodega verändert die Situation ebenfalls gewaltig, können sie doch jetzt mehr Lebensmittel kaufen, außerdem gelingt es

Manny, jede Woche etwas mehr für ihren Wegzug zurückzulegen. Auf unsicheren Beinchen stakst Alva durch die Küche, Ramon liegt in seinem Bettchen und fixiert einen Plastikvogel, der von der Decke herabhängt. Manny sitzt mit seiner Frau auf dem Sofa, lässt seine Zunge in ihr Ohr schlüpfen, sie kichert, berührt ihn überall und er bekommt einen Ständer. Concetta steht auf, legt Alva in ihr Bett, dann schleichen sich beide, Concetta und Manny, ins Schlafzimmer. Hinter verschlossenen Türen wird Concetta zum Tier und sie besorgt es Manny, wie es ihm noch nie besorgt wurde, gibt alles, liebt ihn, nicht nur mit dem Leib, auch mit der Seele, und während ihn schwindelt und er die sprichwörtlichen Sterne sieht, muss er an all die Arschlöcher auf der Straße denken, die rauchen und drücken, denn es gibt niemanden, der ihnen dieses Gefühl schenkt, also wollen sie es sich mit chemischen Substanzen holen.

Heute hat er auf dem Weg vom Hotel nach Hause einem Jünger der Mun-Sekte eine Rose abgekauft. Für Concetta. Sie nimmt sie, riecht daran, tut sie in ein Glas und stellt es auf den Tisch, bedenkt Manny mit einem Blick, als hätte er ihr soeben einen Diamantring geschenkt; ihr Lächeln setzt so viel Energie in ihm frei, dass er zu zerspringen glaubt. Nach dem Abendessen lieben sie sich, liegen engumschlungen beieinander und Manny vermag nicht zu sagen, wann er sich das letzte Mal so ausgeglichen gefühlt hat.

Als er in dieser Nacht seine Schicht antritt, ist der Kühlschrank gefüllt und die Regale sind voller Waren; Ravi scheint einen Sinneswandel durchlebt zu haben. Dusty steht vor einem leeren Karton, flucht, dass Manny sich zehn Minuten verspätet hat, bedeutet es doch, dass

er, Dusty, zehn Minuten länger klar bleiben muss.
Manny bezieht seinen Posten und wartet. Das Geschäft
heute Nacht ist flau. Nach einer Stunde hat er zwei Six-
packs, eine Schachtel Zigaretten, ein paar Lose, Kondome, Süßigkeiten und Kaugummi verkauft. Zweimal
klingelt das Telefon, aber niemand ist dran. Manny ver-
scheucht eine Ratte, die sich über eine Packung Haferflocken hermacht, trinkt etwas Kaffee und starrt aus dem
Fenster. Draußen sieht alles friedlich aus. Selbst die
Huren sitzen auf den Treppenstufen, statt auf der Straße
zu stehen.

Gegen halb drei lässt sich Fat Tony blicken und kauft
drei Packungen Luckys, denn Tony hat stählerne Lungen. Er drückt seinen Bauch gegen den abgestoßenen
Tresenrand, riecht nach schlechtem Wein und lässt sich
über die Scheißbimbos aus, die für seine Freunde in
Queens arbeiten. Er stößt das alles breit und lauthals
hervor, dabei spuckt er durch die Luft, sodass Manny
ständig sein Gesicht abwenden muss, wenn Tony ein P
ausspricht. Tony schiebt wieder ab und Manny atmet tief
durch. Draußen wird eine Nutte verprügelt, doch was
geht ihn das an? Er denkt an seine Frau. Eine Horde
Kids saust am Laden vorbei. Es wird gebrüllt und krakeelt, in den Fenstern gehen die Lichter an, jedermann
schaut heraus und Manny hastet zur Tür, sieht, dass ein
paar Kerle weiter unten an der Straße auf eine Frau ein-
prügeln. Sie zerren sie zum Rinnstein, reißen ihr die
Kleider vom Leib und als man ihr das lange blonde
Haar vom Kopf rupft, erkennt Manny, dass es ein Mann
ist. Manny geht zurück in den Laden und nimmt die
Waffe in die Hand, spürt das Gewicht, die Kälte, die
Macht. Das hat schon was, so eine Waffe in der Hand zu

halten. Als er sie wieder an ihren Platz legt, hält ein Wagen an. Jemand steigt aus und betritt den Laden. Ein großer, kräftiger Mann in einem Armeemantel, ein freundliches Gesicht, das Manny noch nie hier gesehen hat. Der Mann geht zum Kühlschrank, tut so, als suche er nach etwas, tatsächlich jedoch verschafft er sich einen genauen Überblick. Er wendet sich an Manny, fragt, ob Hüttenkäse da ist, und als Manny nein sagt, macht er ein enttäuschtes Gesicht und geht auf die Tür zu. Kurz davor greift er in seine Manteltasche, zieht eine Waffe hervor und zielt damit auf Manny. Manny erstarrt, doch der Typ bleibt gelassen, ganz anders als der Kerl das letzte Mal. Der hier sagt ganz sanft, Manny soll die Kasse aufmachen, und als Manny dem nachkommt, wirft der Typ einen schnellen Blick hinaus auf seinen Wagen, der mit laufendem Motor dasteht. Dann greift er seelenruhig in die Kasse, räumt sie aus, nimmt den Einsatz heraus und wirft ihn zu Boden. Doch unter dem Einsatz ist nichts mehr. Der Mann fragt, wo der Rest ist, und als Manny antwortet, dass es das war, scheint das den Typ nicht zufriedenzustellen.

Von dem Kerl ins Visier genommen, steht Manny noch immer da wie eingefroren. Er hat nicht vor, abzuwarten, bis man ihm das Gesicht wegballert, also sagt er dem Mann, dass im Hinterzimmer eventuell noch Geld ist, und streift dabei die Eingangstür mit einem Blick. Als der Kerl ebenfalls dorthin schaut, langt Manny nach der Waffe unter dem Tresen, reißt sie hoch, drückt im selben Moment den Abzug, fühlt den Rückstoß und durch den grauen Rauchschleier hindurch zerfetzt es dem Mann den halben Hals. Knochen und Gefäße sind sichtbar, der Typ greift sich an die Kehle, röchelt und geht zu Boden.

Er versucht, aus der Tür zu kriechen, bricht aber nach gut einem halben Meter vollends zusammen, bleibt liegen, und aus seinem Hals quillt das Blut wie Wasser aus einer verstopften Toilette. Wie gelähmt verharrt Manny hinter dem Tresen, lenkt seine Augen Richtung Decke, wo der kompakte Rauchnebel um die Lampen wabert. Leute kommen angelaufen, rufen Freunde herbei, glotzen mit großen, ungläubigen Augen durch die Scheibe, doch niemand betritt den Laden, sehen sie doch, dass Manny eine Pistole in der Hand hält. Langsam geht er um den Tresen herum und sieht, dass der Kerl seine Waffe noch immer umklammert. Es gelingt Manny, sie ihm abzunehmen, und sofort ist ihm klar, dass etwas nicht stimmt damit. Mannys Hand, die die Waffe hält, scheint förmlich auf sein Gesicht zuzuschweben wie eine Feder. Die Waffe ist leer, sie ist hohl. Scheißplastik! Er starrt voller Entsetzen darauf. Da ist eine Schramme an der Seite und unter dem schwarzen Anstrich schimmert grelles Orange. Jetzt, da er es in der Hand hat, kann er kaum glauben, wie unecht das Ding aussieht, verdammte Scheiße, warum ist ihm das nicht früher aufgefallen? Inzwischen steht draußen ein ganzer Pulk von Leuten, und alles gafft und redet und amüsiert sich, als wär das hier ein Straßenfest, und Manny steht einfach nur da, inmitten einer größer werdenden Blutlache. Es kommt ihm so vor, als bewege der Kerl seine Finger.

Diese Geschichte wird für Manny zur Sackgasse. Notwehr hin oder her, nicht registrierte Waffe versus Spielzeugpistole, er wird einfahren, Selbstjustiz ist nicht sonderlich gelitten in Cracktown. Als er Kenny Carter hinter der Scheibe sieht, sein Grinsen und das seiner Bazooka-Jungs, denkt Manny daran, kurzen Prozess zu machen, sie alle über den Jordan zu schicken, indem er die Häme wegpustet von ihren Scheißvisagen und allen zeigt, dass er nicht länger stillhält, denn wer sind sie, dass sie die Welt beherrschen und alles zunichtemachen und bestimmen, wie das Leben gelebt werden soll? Aber dann heult die Sirene um die Ecke und die Bazooka-Jungs suchen das Weite, und als der Streifenwagen vor dem Laden hält und die Cops aussteigen, denkt Manny daran, Concetta anzurufen, doch dafür ist es inzwischen zu spät.

Miss Lonely Hat Ein Date Heut Abend

Miss Lonely hat heute Abend ein Date, eine einmalige Sache, nur für heute Abend. Caesar hat das arrangiert, denn er sagt, sie ist sein bestes Mädchen. Keine Fließ-band-Ficks heute Abend. Nein, Sir. Ein Mann, ein Schwanz. Ja, es ist ein besonderer Abend. Und wenn Miss Lonely das packt und der Kunde Caesar erzählt, wie umwerfend sie ist und dass er sie unbedingt wieder-sehen will, ist sie weg von der Straße und im Club. So was nennt man Erfolg. Kein Zoff mehr wegen der Straßenecken, kein Wettstreit um die höchsten Einnah-men, ab sofort nur noch Jobs vom Feinsten. Aber sie wird heute Abend alles machen müssen, was der Typ will und sagt. Sie wird ihn berühren und lecken, wird ihn lutschen, und zwar an Stellen, von denen er nicht mal weiß, dass er sie hat, er wird wahre Halluzinationen von Himmel und Erde haben, von Feuer und Hölle, und vielleicht hat er Stoff und wenn sie's ihm anständig besorgt, lässt er die ganze Zeit was rüberwachsen.

Sie kümmert sich um ihr Make-up, vor allem um die

Stelle über dem Auge, überpudert den blauen Fleck, den sie Lucille verdankt, weil sie Hugo, Lucilles Ehemann, einen geblasen hat. Er hat dafür bezahlt, was hätte sie machen sollen? Aber das wollte Lucille nicht hören. Jedenfalls hat sich Caesar eingeschaltet, hat Lucille dazu gebracht, sich zu entschuldigen, und man hat sich die Hand gegeben. Lucille kümmert sich jetzt um den Park und Miss Lonely um die Brücke, Caesars Art, sich dafür zu revanchieren, dass sie aus der Sache keine Staatsaffäre gemacht hat.

Jetzt aber schnell, Caesar holt sie in zwanzig Minuten ab. Sie zupft ihre Strapse zurecht, steigt in ihr Höschen und betupft sich mit billigem Parfüm, ja nicht zu viel, schließlich will sie heute Abend Klasse zeigen. Caesar wird so was von stolz auf sie sein, er wird schon merken, dass er sich nicht in ihr getäuscht hat. Sie wird ihm keine Schande bereiten.

»Steig ein, Schlampe!«

Seine Haare glitzern wie Diamanten und seine Zähne sind wahre Goldklumpen. Er hat einfach Klasse in seinem grauen Seidenanzug. Neben Caesar kommt sich Miss Lonely richtig billig vor und sie hofft, dass er es nicht merkt.

»Du wirst es diesem Typen heute extragut besorgen, kapiert? Es ist wichtig.«

»Ich werd mir ganz besondere Mühe geben und werde ganz brav sein.«

»Er ist verdammt wichtig für mich, verstehst du? Du machst alles, was er will. Du schluckst, leckst ihm das Arschloch, du fickst ihn seitwärts, auf welchen Scheiß er auch steht, egal, du machst es. Wenn er's ohne Gummi machen will, machst du's ohne, ist das klar?«

»Klar, Caesar, ich weiß, wie's läuft. Ich mach genau, was du sagst, und du wirst sehen, dass ich auch drinnen arbeiten kann. Ich weiß, worauf sie abfahren, ich weiß, wie man ... «

»Ach halt die Klappe!«

Miss Lonely lässt ihn auf der Fahrt Richtung downtown nicht aus den Augen. Wenn er sie nur ficken würde, denkt sie, denn gefickt hat er sie noch nie. Sie hätte auch nichts dagegen, wenn er sie nur für sich haben wollte. Das wär Gold wert. Die anderen Mädels wären mächtig neidisch und würden Sachen sagen wie: Was zum Teufel hat die drauf, was wir nicht draufhaben? Was ist an ihrer Muschi so besonderes? Sie ist doch nur 'ne billige Niggerschlampe genau wie wir ... Scheiße, genau so würden sie reden. Wenn er sie doch nur ficken würde.

Caesar zündet die Bazooka, raucht aber nicht, sondern reicht sie ihr und sie inhaliert, behält es in den Lungen, bis sie das Gefühl hat, sie wollten platzen, dann erst bläst sie den Rauch zum Seitenfenster hinaus. Caesar zündet noch eine, und Miss Lonely schwebt bereits auf Watte. Sie kommen an den ganzen Luxushotels vorbei und sie kann noch immer nicht glauben, dass sie heute hier arbeiten wird. Wenn Lucille sie nur sehen könnte! Mann, was wäre die angepisst! Lucille arbeitet heute Abend im Park, beglückt die hustenden, kotzenden Wermutbrüder und Junkies samt ihren pusteligen, von Ausschlägen verseuchten Schwänzen. Das reicht, um dass man alles hinschmeißen und abhauen möchte, was man aber niemals machen würde, denn wie sollte man sonst an die Bazooka kommen?

Der Wagen hält vor einem grünen Gebäude und ein

massiger Kerl in einer steifen, roten Uniform tritt heran. Miss Lonely verspürt ein Kribbeln, ihr Magen hüpft und in ihrem Kopf dreht sich alles, sie ist feucht und geil, bereit, einen U-Bahn-Waggon zu ficken. Caesar fasst sie am Kinn und wischt mit dem Daumen eine Spur Lippenstift weg, dann begutachtet er ihre Zähne.

»Hör zu, Baby, ich verlass mich heute Abend auf dich. Heute Abend bist du mein ganz besonderes Mädchen. Wenn du alles richtig machst, nehm ich dich von der Straße, verstehst du? Du wirst Geld haben und die Bazooka, ich versorg dich mit allem, was du brauchst, und niemand wird dich anmachen, denn wenn er's tut, legt er sich mit mir an. Also, Baby, das ist deine Chance, enttäusch mich nicht.«

»Danke, Caesar, ich werd dich nicht enttäuschen, du wirst schon sehen, was ich draufhabe ... wirst schon sehen ... «

Die Tür geht auf und Miss Lonely macht Anstalten auszusteigen, als Caesar sie zurückhält. »Wo willst du hin? In den Laden da kannst du nicht rein.«

Jimbo, der Fahrer, lächelt in den Rückspiegel.

Caesar sieht es und lacht. »Ist das zu fassen, Jimbo? Sie glaubt, sie kann da rein!«

Jetzt lachen beide. Miss Lonely schaut sie an.

»Tja, du Miststück, das ist mein Ziel und Jimbo fährt dich dahin, wo du erwartet wirst. Bildest du dir ein, du kannst da einfach reinspazieren? Sie haben dich am Arsch und schmeißen dich raus, kaum dass du durch die Tür bist!«

Caesar steigt aus dem Wagen, dann beugt er sich noch mal hinein. »Und immer dran denken: Du machst, was er sagt. Verstanden?« Miss Lonely nickt.

»Caesar ... könntest du mir was geben, damit ich wieder draufkomme? Ich brauch was zum Antörnen, nur ein bisschen. Vor 'ner Minute hab ich mich noch super gefühlt, aber jetzt ... nur ein klitzekleines Stück, damit ich wieder fit – «

»Blöde Schlampe, wenn du's versiebst, ich schwör dir, ich mach dich fertig, ich mach dich so alle, dass du nie wieder arbeiten wirst.«

Caesar schmeißt einen kleinen Brocken auf den Sitz. Sie fischt den kleinen Klumpen aus einer Ritze zwischen den Polstern und Jimbo fährt los.

Einen Augenblick später schwebt sie wieder in den Wolken und fühlt sich wie eine Königin. Jimbo wirft im Rückspiegel einen verstohlenen Blick in ihre Richtung, doch sie ignoriert das. Sie würde Jimbo niemals ficken, er ist nur ein Fahrer, und sollte er auf irgendwelche Ideen kommen, kann er die getrost vergessen, denn sie würde ihn nur ranlassen, wenn Caesar es von ihr verlangen würde.

Sie ist erstaunt, dass die Geschäfte so spät noch aufhaben. Wo sie herkommt, ist um diese Zeit alles zu, aber hier hat alles geöffnet: Boutiquen und Geschäfte, Restaurants, Theater, und die Straßen sind voller Leute, alle sind auf den Beinen, reden, machen irgendwas. Nur kann sich hier keiner mit Bazookamunition eindecken, denn sie sieht niemanden etwas verticken, es sei denn, sie tarnen sich oder verticken nur an Freunde. Je länger sie fahren, desto mehr kommt sie runter; hätte ihr Caesar nur ein größeres Stück überlassen, dann könnte sie sich jetzt 'ne weitere Dröhnung verpassen. Jimbo grinst die ganze Zeit so bescheuert, vielleicht hat er ja was, überlegt sie. Deshalb glotzt er auch ständig, wartet womöglich, dass sie fragt und er einen Deal mit ihr machen kann.

»Jimbo? Hast du was?«

»Logo hab ich was. Aber was geht's dich an?«

»Du gibst mir was, Jimbo, und ich besorg's dir, wir halten gleich unter der Brücke und ich besorg's dir richtig gut.«

»Ich brauch keine Nutten, ich hab genug Schlampen.«

»Nur ganz wenig, Jimbo, bitte. Wenn ich drauf bin, kann ich für Caesar besser arbeiten. Wenn ich drauf bin, mach ich alles richtig. Bitte ... «

»Fick dich und halt die Klappe.«

Jimbo fährt über die Brücke und sie will wissen, wohin sie fahren, bekommt aber keine Antwort. Sie lässt sich im Sitz zurückfallen und bedient sich mit einer Flasche Whiskey aus der Bar, bis Jimbo es im Spiegel sieht.

»Wenn du dich volllaufen lässt, polier ich dir die Fresse, Miststück!«

»Nur einen kleinen Schluck, Jimbo, ich nipp nur dran, damit ich mich besser fühle. Ich weiß, was Caesar von mir erwartet, und wie ich es bringe. Ich bin eins von seinen besten Mädchen.«

»Du bist eins seiner miesesten! Du bist eine verbrauchte, abgefuckte Fotze, und wenn er nicht so ein Herz hätte, würdest du's den Ratten auf der Müllkippe besorgen.«

»Das ist echt scheiße und gemein, so was zu sagen, Jimbo. Wenn ich so mies bin, warum gibt mir Caesar denn diesen besonderen Job, der so wahnsinnig wichtig für ihn ist?«

»Das wirst du schon sehen. Und jetzt halt die Klappe, sonst schmeiß ich dich raus.«

Miss Lonely beobachtet ihn im Spiegel und als Jimbo ihren Blick erwidert, sieht sie weg. »Du schmeißt mich noch lange nicht raus«, murmelt sie vor sich hin. »Nicht solange Caesar will, dass ich diesen Job mache.«

»Halt verdammt noch mal das Maul!«

Sie passieren die Brücke, wechseln kein Wort miteinander, bis sie auf einen Highway fahren, der zu einem Außenbezirk führt. »Wo fahren wir hin, Jimbo? So weit draußen war ich noch nie. Komm schon, verrat's mir, bitte!«

Jimbo betrachtet sie im Spiegel, zum ersten Mal sieht sie beunruhigt aus. Er sollte etwas dagegen unternehmen. »Ist wirklich was Besonderes, wo du jetzt hinfährst. Der Typ hat ein Haus, es wird dir gefallen.«

Dann greift er in seine dreckige Brusttasche und schmeißt ihr einen Krümel Crack nach hinten.

»Oh, danke, Jimbo, jetzt hast du was gut bei mir! Ich revanchier mich, wirst schon sehen. Ich sag Caesar, wie nett du zu mir bist.«

»Ja, das mach mal.«

Die Gegend wird dunkler, Miss Lonely euphorischer und Jimbo noch zugeknöpfter. Ja, das ist ein besonderer Abend. Sie ist auf alles vorbereitet. Hat alles schon mal gemacht, wurde gefickt und geleckt, befingert und befummelt, geschlagen, ausgepeitscht, hat die Pisse anderer ertragen und ihrerseits andere angepisst. Einmal musste sie auf einen Weißen aus Brooklyn kacken – das war echt widerlich, das einzige Mal in ihrem Leben, dass sie kurz vorm Kotzen war. Caesar hat ihm das Dreifache abgeknöpft und ihr eine Extraportion spendiert. Aber der Typ heute Abend hat ganz sicher Klasse, wird nicht wollen, dass sie ihn ankackt, nicht wenn er sie in sein

Haus bringen lässt. Vielleicht handelt es sich um jemanden Wichtiges, deshalb wird so ein Geheimnis drum gemacht. Vielleicht einer von der Regierung oder ein anderes großes Tier. Manchmal, wenn in der Stadt Kongresse stattfinden, arrangiert Caesar was mit allen möglichen weißen Typen, ältere Semester, die nur auf normal stehen, aber weder auf der Straße noch in zwielichtigen Hotels gesehen werden dürfen. Denen geht es meist nur ums Blasen, was klasse ist, denn man bleibt sauber und ordentlich, kaut ihnen einen ab und gut ist. Ja, vielleicht läuft's darauf hinaus: ein schneller Blowjob für die Menschheit, aber ein großer Sprung nach vorn für Miss Lonely. Bei dieser Vorstellung muss sie kichern und Jimbo schaut in den Rückspiegel, runzelt die Stirn. Sie lacht laut auf und diesmal lächelt Jimbo, sieht ihr direkt in die Augen und sie weicht seinem Blick nicht aus.

Jimbo liegt gut in der Zeit, man erwartet sie nicht vor Mitternacht, also zieht er rüber und hält am Waldrand. Miss Lonely ist immer noch am Schweben und nimmt ihn pur; seine Hand auf ihrem Nacken, fühlt sie sich wie angeschnallt, ohne Zufluchtsort, wo man reden oder schreien oder weinen kann. Allein. Sie fühlt sich so allein, wenn sie arbeitet, hohl, ohne Herz und ohne Seele, fühlt sich wie ein Werkzeug, das sich allmählich abnutzt, aber immer noch im Gebrauch ist, weil es noch einen gewissen Wert besitzt. Sie versucht, an andere Sachen zu denken, doch ihr Verstand holt sie immer wieder zurück. Allein. Das ist so ein schönes Wort, denkt sie, ein verdammt schönes Wort. Allein, nur klingt es anders, als es sich anfühlt. Könnte sie irgendein Wort auf der Welt ändern, es wäre allein, das weiß sie genau. Sie würde es ändern in Scheiße oder Schwanz oder Fotze oder Fick, irgendwas, was sich hart anhört und kalt. Jimbo stöhnt und umklammert ihren Nacken fester. Sie entspannt sich, schließt die Augen und lässt sich treiben, weit zurück, bis zum Zeitpunkt ihrer Geburt, wo sie ihre ersten Lebensmomente zuckend verbrachte, blutig, Schleim hervorwürgend, als ihr gesamter Körper nach einem weiteren Schuss Heroin schrie. Das war das erste und einzige Geschenk, das sie von ihrer Mutter erhielt, denn nachdem die ihre Ladung hatte fallen lassen, verschwand sie von der Bildfläche und ward nie mehr gesehen. Miss Lonely wurde herumgereicht und landete schließlich in einem Heim, wo Julio, der Hausmeister, sie zweimal die Woche vergewaltigte, bis sie dreizehn war. Sie fickte sich durch den ganzen Laden, dann rannte sie weg und lernte Oscar kennen, ihren ersten Ehemann. Mit Oscar konnte man nicht umspringen, wie man wollte, und wenn sie nur ein unangebrachtes Wort äußerte, hatte sie die Faust im Gesicht. Und sie hatte die Faust ziemlich oft im Gesicht.

Oscar arbeitete für Taco Nick – Taco Nick, weil er seine Frau dazu brachte, die Beine zu spreizen und ihre Möse zu zeigen, woraufhin er dann zu bemerken pflegte: »Sieht doch aus wie 'n Taco, oder?«

Oscar vertickte Preludin und Meskalin und wollte aufsteigen zu Koks und Heroin und Taco Nick meinte, das sei möglich, wenn Oscar unter Beweis stelle, dass er cool sei. Es war Taco Nick, der Oscar empfahl, Miss Lonely auf den Strich zu schicken. Er sagte: »Ihre Muschi ist was wert, du solltest Kapital aus deinen Investitionen schlagen.« Es sei auf jeden Fall nur eine vorübergehende Sache, versicherte Oscar, bis sie ein wenig auf die Seite gelegt hätten. Als die vierte Abtreibung anstand, drehte

Oscar durch. Er habe offenbar eine Gebärmaschine geheiratet, brüllte er. Miss Lonely kämpfte darum, dieses Baby behalten zu können, aber Oscar ließ nicht mit sich reden. Warum sich etwas ans Bein binden, was man nicht haben wolle, wofür man weder Zeit noch Energie habe, etwas, wovon er nicht mal sicher sein könne, dass es von ihm sei, denn sehr wahrscheinlich sei es nicht von ihm, schließlich sei sie eine Nutte, eine Schlampe, die zwanzig Männer am Abend ficke. Miss Lonely tat alles, um ihn davon zu überzeugen, dass es von ihm war, wie die drei zuvor, denn Miss Lonely besorgte es anderen nie ohne Gummi. Der einzige Mann, der in Frage komme, sei er, Oscar. Aber Oscar meinte, das sei kompletter Schwachsinn, weil einer der Freier ein Loch hineingepiekst haben könnte, aus Jux und Dollerei, um zu sehen, was neun Monate später dabei herauskomme. Als Miss Lonely antwortete, das höre sich vollkommen gaga an, versetzte er ihr einen Schlag auf die Nase, die daraufhin die ganze Nacht blutete. Vielleicht beim nächsten Mal, dachte Miss Lonely, wenn sie es so lange verbergen könne, bis es für eine Abtreibung zu spät sei, vielleicht würde Oscar es dann auch wollen oder ihr wenigstens gestatten, es zu behalten.

Anderthalb Monate nach der Abtreibung, die sie physisch ruiniert hatte, wurde Oscar auf der Straße erschossen. Zusammen mit Poncho Jeremiah war er auf dem Weg zum Gator Room, als zwei Kids von hinten angerannt kamen und beiden in die Köpfe schossen. Oscar war bereits tot, als er auf den Asphalt fiel, doch Poncho überlebte zwei Tage. Selbst als er in den letzten Zügen lag, wollte er nicht sagen, wen er verdächtigte, verantwortlich zu sein. Miss Lonely weinte um Oscar, obwohl sie ihn gehasst hatte. Sie wollte nicht allein sein. Allerdings musste sie jetzt die Flatter machen, denn ohne Oscar würde sie nie und nimmer für Taco Nick anschaffen. Sie ging nach Detroit, zog in eine Drecksgegend und hing wieder an der Nadel, und mit hungrigen Venen, die es zu füttern galt, machte sie sich daran, es den einsamen Autoarbeitern zu besorgen.

»Pass mit den Zähnen auf, du Miststück! Mach mal sachte, das ist ein Schwanz, kein Stück Holz!«

Sie stöhnt und lutscht, während Jimbo ihren Hintern befummelt.

Sie hatte Kamel nie geheiratet, doch sie lebten zusammen wie ein Ehepaar. Es interessierte ihn nicht, was für eine Sorte Hure sie war, es scherte ihn schlicht einen Dreck. Er verdingte sich als Taxifahrer, gleichzeitig hatte er seine Finger im Spiel bei irgendeinem libanesischen Verbrechersyndikat. Miss Lonely wusste nie so richtig, worum es ging, aber er trug immer einen Batzen Geld mit sich herum und schleppte ständig verdächtig aussehende Araber in die Wohnung. Sie kümmerte das nicht, denn Kamel behandelte sie gut. Er verprügelte sie nicht, gab ihr Heroin, umsonst, sie konnte tun und lassen, was sie wollte, und musste mit niemandem ficken, nur mit ihm. Es war der Himmel auf Erden. Bis Kamel Kinder wollte. Er erklärte, er brauche eine Familie, das mache einen guten Eindruck bei den Jungs von der Einwanderungsbehörde. Miss Lonely mühte und bemühte sich, bis Kamel der Kragen platzte. Zuerst war das Heroin schuld, also ließ sie die Finger davon. Dann war's das Kokain; schließlich behauptete er, ihre Muschi sei vergiftet, und wenn sie nicht schwanger werden könne, werde er sich trennen. Sie bekniete ihn zu bleiben, fickte ihn auf jede erdenkliche Weise, doch eines Tages ging Kamel weg und kam nicht mehr zurück. Wenn das keine Scheiße ist, denkt Miss Lonely, weiß ich auch nicht.

Kurz darauf traf sie Max, der ihr wieder auf die Beine half, sie mit Heroin versorgte und ihr erklärte, dass er ihr die Möse herausschneiden und ins Gesicht nageln werde, sollte sie ihn jemals übers Ohr hauen oder abziehen wollen. Jetzt war sie Teil seiner Riege und konnte ficken und blasen, konnte sich die Venen zuballern und machen, wonach ihr der Sinn stand, Hauptsache, sie bediente die Freier und führte alles an Max ab. Zusammen mit Sheila, Lorraine und Connie brachte Max sie in einer Wohnung unter, damit sie alle nah beieinander waren und er sie im Auge hatte. Von Zeit zu Zeit wollte Max, dass Connie und Miss Lonely es miteinander treiben, während Lorraine ihm einen runterholte. Gerade mal fünfzehn, hatte Connie bereits drei Jahre für Max gearbeitet, und obwohl sie auf der Straße anschaffte, war ihre Haut glatt und weich, ihr weißes Gebiss perfekt und ihr Körper hätte es mit den meisten vollbusigen Pin-up-Girls aufnehmen können. Für Miss Lonely war Connie das schönste Geschöpf, das sie jemals gesehen hatte, und wenn Connie sie auf Max' Geheiß umarmte und küsste, wenn sie sie berührte und überall leckte, glaubte Miss Lonely, vor Glück vergehen zu müssen. Sie verliebten sich ineinander und arbeiteten zusammen, hielten Händchen und passten aufeinander auf. Wurde eine von Max verprügelt, ging die andere dazwischen und steckte ebenfalls Schläge ein, das war okay, solange sie zusammen Prügel bezogen. Schließlich verdrosch Max auch Sheila und Lorraine, sagte ihnen, sie sollten's machen wie Connie und Miss Lonely und zusammenbleiben, weil es da draußen einen Haufen abartiger Wichser gebe, die nur darauf warteten, sich eine scharfe Schnalle vorzunehmen.

Eines Abends, eines schlappen Abends, arbeiteten Connie und Miss Lonely auf dem Industriegelände. Es war irgendein Feiertag, also waren alle Fabriken und Lagerhallen dicht und die beiden hatten grademal die Hälfte dessen verdient, was sie normalerweise einnahmen, und wussten, dass Max mächtig angepisst reagieren würde, denn was scherten ihn Feiertage, ihn interessierte nur das Geld. Sie legten los, hielten Autos auf der Straße an und Connie präsentierte ihre Möpse. Verglichen mit Connies, waren Miss Lonelys Titten armselige kleine Dinger und niemand würde dieses Gehänges wegen anhalten, also begnügte sie sich mit der zweiten Reihe, zog den Rock hoch und zeigte ihre Muschi.

Ein großer grüner Wagen hielt an und als Connie und Miss Lonely darauf zusteuerten, rief der Fahrer: »Nur die mit den Titten!«

Miss Lonely blieb stehen und hielt Connie am Arm fest. »Der gefällt mir nicht, Connie, lass ihn ziehen.«

»Nein, das geht nicht. Wir müssen heute Abend noch was klarmachen. Ich blas ihm einen und fertig.«

Miss Lonely stand da, ihr war zum Heulen zumute, als Connie in den Wagen stieg. Der fuhr ein Stück und hielt an der Seite.

Miss Lonely behielt den Wagen im Auge, die ganze Zeit, irgendwas stimmte nicht mit dem Kerl: Der Ausdruck in seinen Augen, das war kein Ausdruck von Geilheit gewesen, sondern ein kalter, gefährlicher Blick. Ihr Magen verkrampfte sich und machte ihr bewusst, wie bescheuert das Ganze war. Das ist es nicht wert, dachte sie. Jetzt, wo sie Connie hatte, wo sie einander liebten und zusammenlebten, wo keine das Sagen hatte und die andere verprügelte, wo sie alles gemeinsam machten, sich gegenseitig den Schuss setzten, warum nur gaben sie sich mit diesen elenden Kerlen ab, die einen nur verletzen wollten mit ihren Schwänzen? Sie konnten doch weggehen, sich einen Job suchen und arbeiten wie ganz normale Menschen, sich den Stoff kaufen, statt ihn von Typen wie Max zugeteilt zu bekommen. Niemand müsste erfahren, was sie trieben, und selbst wenn, wär's scheißegal, denn sie waren zusammen, liebten sich und waren nicht allein. Plötzlich fuhr der Wagen mit quietschenden Reifen los und verschwand die Straße hinunter. Miss Lonely rannte hinterher, schrie Connies Namen, verfluchte den Fahrer und bemühte sich krampfhaft zu erkennen, in welche Richtung er fuhr, doch es gelang ihr nicht, denn die Scheinwerfer waren aus und es war zu dunkel. Sie wollte ein Auto anhalten, doch nicht ein Fahrer reagierte, mal abgesehen von den beiden Typen, die versuchten, sie zu überfahren. Sie fühlte sich, als würde ihr Innerstes nach außen gekehrt, ihr gesamtes Leben rauschte an ihr vorbei und ihr Magen entledigte sich des Verlustes. Sie lag auf der Straße, wimmerte wie ein Tier, rief nach Max – wenn auch nicht laut –, rief ihn an, als wäre er eine Art Geistwesen, das sie hören könnte, egal, wo er sich gerade aufhielt. Ein Wagen stoppte, der Fahrer stieg aus, doch als er den kurzen Rock und die Strapse sah, stieg er wieder ein und fuhr weiter. Kurz darauf tauchte Max in seinem schwarzen Saab auf, mächtig geladen und in dem Bewusstsein, dass was passiert war, ohne jedoch zu wissen, was. Kaum hatte Miss Lonely es zwi-

schen tränenfeuchten Lippen hervorgestoßen, packte er
ihren Kopf und schlug ihn gegen die Motorhaube. Sie
sprangen ins Auto und fuhren los, um Connie zu retten,
nur war es nicht wie im Kino. Miss Lonely wusste, dass
sich Connie nun mit höheren Dingen befasste, und zwar
jenseits dieser Welt – man kommt nicht einfach so
zurück, wenn man auf diese Art und Weise verschleppt
wird, vor allem wenn man ein wertloses Dreckstück von
Nutte ist. Als sich Connie nach ein paar Tagen noch
immer nicht blicken ließ, meinte Max, jetzt reicht's, es
wird Zeit, wieder zu arbeiten, und Schluss mit dem
Geheule. Er versuchte, sie zu überzeugen, dass Connie
abgehauen sei und die ganze Geschichte eingefädelt
habe, um ihm eine Entführung vorzugaukeln und er
nicht nach ihr suche. Max pumpte Miss Lonely mit jeder
Droge voll, die er zur Verfügung hatte, bis sie am Ende
zu sehr durch den Wind war, um länger an seinen Worten zu zweifeln. Sheila stützte sie auf der Straße, half ihr
in die Autos, denn war sie erst mal drinnen, konnte sie
das, was sie zu tun hatte, auch im Liegen erledigen. Zweimal versuchte sie, sich das Lebenslicht auszublasen; das
erste Mal, indem sie schlechten Stoff drückte, das zweite
Mal war ein missglückter Versuch, sich die Pulsadern auf-
zuschneiden. Diesmal prügelte Max sie windelweich,
weil sie das Bettzeug mit Blutlachen versaut hatte. Er gab
ihr zu verstehen, dass, wenn sie abkratze, es langsam und
schmerzhaft geschehe, und zwar nicht durch eigene, sondern durch seine Hand. Dann erzählte er, dass er Connie
aufgespürt habe und wisse, wo sie stecke, dass sie mit
einem Mann zusammenlebe und nichts mehr mit Miss
Lonely zu tun haben wolle, denn die sei eine abgetakelte
lesbische Schlampe. Er holte etwas aus der Tasche und

meinte, sie solle mal probieren, das sei besser als Ballern. Sie probierte. Und es war besser. Sie hatte ihren Gott gefunden – diesen süßen, an Minze erinnernden Rauch, der in die Lungen strömt und durch dein Herz schießt, der jeden Spalt, jeden Hohlraum deines Körpers füllt. Er durchdringt jede Zelle, jede Faser, versorgt dich mit Wärme und steigert dein Bewusstsein, du jagst dahin und trittst auf der Stelle, du fliegst und rennst, und alles passiert gleichzeitig, und deshalb lässt du nicht davon. Bazooka. Wenn es kickt, ist man nicht allein und jeder Mann ein wenig leichter zu ertragen.

Scheiße, Connie, sagte sie, wenn sie völlig stoned war, auf dich kleine Schlampe ist geschissen, wenn du nichts mehr mit mir zu tun haben willst.

Scheiße, Connie, heulte sie, wenn sie wieder runterkam, wir haben uns geliebt, waren füreinander geschaffen. Oh Gott, ich will sie und ich brauche sie und Gott, ich ertrag es nicht, in dieser beschissenen Welt allein zu sein. Allein.

Jimbo schiebt seinen Schwanz tiefer und tiefer hinein, und sie hat Mühe, nicht daran zu ersticken. Als der Absturz kommt, fühlt sie, wie sich in ihrem Innern Krater öffnen, spürt die hohlen Venen sich zusammenziehen, weil nichts und niemand da ist, um sie zu füllen. Allein.

»Komm schon, Fotze, schalt mal den Turbo ein!« Sie weint, leise zuerst, dann aber schluchzend, Tränen fallen auf seine Hose.

»Was denn jetzt? Was ist los mit dir, drehst du jetzt völlig ab? Du lutschst einen Schwanz und fängst an zu plärren?«

Sie will etwas sagen, aber er hält ihren Kopf so fest.

»Mach, dass mir einer abgeht, damit ich dich endlich abliefern kann. Verdammte geistesgestörte Nutte!«

Sie bemüht sich, aber Jimbo will es nicht kommen. Sie lutscht zwanzig Minuten ohne Unterlass, aber es tut sich nichts.

»Komm schon, mach dich locker! Was ist denn los mit dir?«

Wenn Caesar sie jetzt sehen könnte, denkt sie. Jimbo und sie auf dem Rücksitz, obwohl sie doch einen Job erledigen sollen. Caesar würde das wohl kaum entspannt sehen. Die Scheiße würde er aus ihnen herausprügeln, aus ihnen beiden, nur dass es ihr egal wäre, sie kennt nichts anderes. Für Jimbo wäre es beschämend und jedes Mal, wenn sie ihn ansähe, würde es ihn daran erinnern, dass man ihm ihretwegen den Arsch aufgerissen hat. Caesar ist grob, aber feststeht, dass er sie weniger schlägt, als Max es getan hat, dafür ist Max großzügiger gewesen, was den Stoff betraf. Bei Max hat sie ständig Raketen gezündet oder sich die Venen zugeballert, was immer sie wollte. Max' Taktik, sie zu halten. Andererseits war es ein hartes Stück Arbeit, Max zu verlassen. Beim ersten Versuch stand er kurz davor, ihr Gesicht wie eine Pizza zu zerteilen. Er hielt ihr das Rasiermesser an die Wange und sie spürte, wie sich der kalte Stahl der Klinge in ihr Fleisch drückte, bis sie schließlich anfing zu weinen und darum bettelte, bleiben zu dürfen. Danach ging sie raus, arbeitete zwei Tage am Stück, um ihm zu beweisen, wie sehr sie ihn liebte und dass sie sein bestes Pferd im Stall sein wollte. Max setzte Sheila auf sie an, um sicherzugehen, dass Miss Lonely nicht davonlief, aber Sheila hatte Miss Lonely nie ausstehen können,

Connies wegen. Eines Abends sorgte Sheila dafür, dass ein paar Typen Miss Lonely vergewaltigten, beklauten und zusammenschlugen. Von Max nach den Einnahmen befragt, stand Miss Lonely mit leeren Händen da. Zur Strafe organisierte er eine »Party brutal«, zehn Dollar der Fick und drei Männer, mit denen sie es gleichzeitig treiben musste, sodass sie am frühen Morgen ohnmächtig war, wie ein Schwein blutete und von Max ins Krankenhaus gebracht wurde, wo man ihr die Muschi mit mehreren Stichen nähte. Drei Tage lang konnte sie kein Bein vors andere setzen. Die Bullen erschienen, um sie zu befragen, aber sie schwieg. Eine junge Krankenschwester steckte ihr die Nummer eines Frauenhauses zu, doch sie hatte zu viel Angst, um anzurufen. Sie lag da, weinte und wimmerte, wollte nur Connie und etwas, was die Schmerzen linderte, doch so viel Morphium man ihr auch gab, es reichte nicht. Sie brauchte die Bazooka. Schließlich entließ man sie und gab ihr die Nummer einer Entzugsklinik. Miss Lonely ging zur Tür hinaus und erwartete, auf Max zu treffen, der sie zurück auf den Strich schicken würde, aber er war nicht da. Eine Stunde stand sie dort, bis die Schmerzen zu heftig wurden, dann machte sie sich auf den Weg. Sie zog zwei Blowjobs durch, hinter der Amtrak-Station, besorgte sich Crack und setzte sich in einen Zug nach New York, wo sie Caesar kennenlernte, der ihr erklärte, sie könne nicht eben mal so auf eigene Rechnung anschaffen, denn niemand in dieser Stadt dulde Freischaffende. Sie ging ihm ins Netz und zappelt dort seit vier Jahren.

Das Autotelefon klingelt und Jimbo packt ihr Haar und schiebt sie weg.

»Mist«, murmelt er, »wir sollten längst da sein. Nur

einen Ton, und ich stech dir die Augen aus!«

Er beugt sich über den Vordersitz und nimmt den Hörer ab. Miss Lonely unterdrückt ihr Wimmern.

»Nein, hab sie gerade abgesetzt, alles im grünen Bereich. Ja, ich weiß. Ich hol sie ab, wenn du anrufst ... fahr gerade 'n bisschen durch die Gegend. Das Radio war an, hab's erst beim zweiten Klingeln gehört ... Kein Problem, ich weiß Bescheid.« Er legt auf.

»War das Caesar? Was hat er gesagt?«

»Er hat gesagt, du sollst dein Maul halten.«

Jimbo setzt sich wieder ans Steuer und beschimpft sie als frigide Fotze, die es einem Typen nicht mal mit dem Mund besorgen kann. Er fährt los. Miss Lonely wischt sich das Gesicht ab. Sie weint nicht mehr, obwohl sie nicht weniger leidet als zuvor. Nur noch ein paar Jahre mit dieser Scheiße, denkt sie. Sie arbeitet sich nach oben, in den Club, wo sie gutes Geld machen und was auf die hohe Kante legen kann. Dann wird sie sich verabschieden von all den Scheißköpfen, wird nie mehr den Schwanz eines Mannes ansehen, solange sie lebt. Und sie wird zurückkommen, wenn das alles keine Rolle mehr für sie spielt, wenn diese Leute nur noch Fremde für sie sind, dann heuert sie jemanden an, der Jimbo so lange zusammentritt, bis er an seiner eigenen Galle erstickt. Noch zwei Jahre, höchstens.

Jimbo rast den Highway entlang, will sie absetzen, bevor der Freier Caesar anruft und fragt, was mit seinem Termin ist. Verdammt, wenn diese billige, widerliche Schlampe ihm das mit Caesar versaut, er nimmt sie sich vor, erwürgt sie mit bloßen Händen und drückt sie in den Gully. Er sieht sie im Rückspiegel. Was für ein Wrack! Make-up verschmiert, die falschen Wimpern auf

halb sieben, Haare, die aussehen wie ein alter Wisch-
mopp.

»Scheiße, mach dich bloß zurecht. Du siehst aus, wie
durch den Wolf gedreht.«

Sie zieht die Lippen nach, kämmt sich das Haar, was
die Sache aber nicht besser macht. Jimbo wirft ihr noch
einen Stein nach hinten, denkt sich, dass sie besser aussieht, wenn sie sich besser fühlt, denn wenn der Kunde
sie ablehnt, weil sie beschissen aussieht, wird Caesar
Jimbo rausschicken, um an ihrer Stelle Schwänze zu lutschen. Sie nimmt den Brocken, zündet ihn an, inhaliert.
Die Veränderung verschlägt Jimbo die Sprache. Wie
schafft die es nur, sich innerhalb einer Minute von
einem Stück Gammelfleisch in eine sexy Schlampe zu
verwandeln? In jüngeren Jahren muss sie ein richtig
hübsches Ding gewesen sein. Hätte er sie damals nur
gekannt, Mann, was hätte er die durchgefickt! Er biegt
von der Straße ab und fährt in eine langgezogene,
schmale Einfahrt mit dichtem Baumbestand zu beiden
Seiten. Miss Lonely ist noch nie auf dem Land gewesen.
Jimbo hält gut sechs Meter entfernt von einem kleinen
Holzhaus. Ein hochgewachsener Mann in weißem
Hemd und Jeans kommt heraus, ein Glas in der Hand.

»Sie hätten schon vor dreißig Minuten hier sein sollen«, sagt er mit leichtem britischen Akzent. »Ich wollte
gerade Ihren Boss anrufen.«

»Wir sind in den Verkehr geraten«, stößt Jimbo hervor,
bemüht, seine Angst nicht durchklingen zu lassen. Miss
Lonely lächelt in sich hinein, ist für einen Moment versucht zu erzählen, wo sie tatsächlich gewesen sind. Vielleicht würde der Fremde sie wegschicken und Jimbo
müsste Caesar alles beichten. Wenn das nicht gerecht

wär ...? Aber wenn sie das macht, vertut sie die Chance, Caesar zu beweisen, was sie draufhat, also hält sie den Mund. Sie bleibt im Wagen sitzen, während Jimbo und der Kunde sich an der Eingangstür unterhalten. Worüber, kann sie nicht verstehen, und es ist ihr auch egal. Sie spürt ein Kribbeln, wie eine Sängerin vor dem Auftritt. Ihr schwirrt der Kopf, Visionen und Träume von der Zukunft.

Von Connie.

Scheiße, Connie. Warum musstest du auf diese Weise verschwinden? Warum hast du gesagt, dass du mich liebst? Alle unsere Träume und Pläne, all das, es war alles Scheiße. Wenn schon Liebe nichts zählt, ist alles andere erst recht für'n Arsch. In diesem Luxusschlitten, ausgestattet mit Bar und Radio und Fernseher und Telefon, umgeben von all den schönen Dingen, die man für Blutgeld und Hurenlohn kaufen kann, ist sie allein. Vielleicht ist das Leben darauf ausgerichtet, allein gelebt zu werden, vielleicht ist es ihre Bestimmung, allein zu sein. Gleichgültig, wie viel Geld sie irgendwann einmal haben wird, sie wird immer allein sein. Je länger sie darüber nachdenkt, desto größer wird die Leere in ihr. Sie greift nach dem Scotch, nimmt fünf kräftige Schlucke, bis ihr Magen Feuer fängt. Jimbo kommt und öffnet die Tür.

»Okay, du weißt, was ansteht. Wenn du's versaust, bist du erledigt.«

»Jimbo, wart mal ... « Sie lallt, ihre Augen sind glasig. »Jimbo, sag mir nur eins: Warum hasst du mich?«

»Was?«, fragt er, angepisst und verwirrt zugleich.

»Warum hassen mich die Leute? Was hab ich ihnen getan? Warum ist jeder so allein und so gestört? Warum können Menschen sich nicht lieb haben und aufeinander aufpassen, statt wegzurennen und sich zu prügeln und anzulügen?«

»Zieh hier nicht so 'nen Scheiß ab!« Jimbo wirft einen Blick über die Schulter, hinüber zu dem Kunden an der Eingangstür, der sie beobachtet, das Glas noch immer in der Hand. »Caesar reißt dich in Stücke, wenn du nicht sofort aufhörst mit dem Mist. Und jetzt steig verdammt noch mal aus dem Auto.«

Jimbo will sie nicht mit Gewalt rauszerren, nicht vor den Augen des Kunden, doch sie weigert sich, auszusteigen.

»Nein, Jimbo, ich will's nur begreifen. Warum können Menschen nicht zueinander finden und zusammenleben, als eine Familie, ohne diesen ganzen Scheiß?«

»Du bist hackedicht und völlig neben der Spur, jetzt steig endlich aus! Zwing mich nicht, dir die Fresse zu polieren, ich warne dich, zwing mich nicht ... «

»Dann erklär mir, warum?«

»Warum was?«

»Warum jeder so allein sein muss. Es ist nicht richtig, so sollte es nicht sein, nicht wahr? Wenn alle dazu bestimmt sind, allein zu sein, warum gibt es dann so viele Menschen auf der Welt und warum ist das Alleinsein so eine beschissene Sache? Was ist eigentlich mit Gott los?«

Als Jimbo bemerkt, dass der Kunde ungeduldig wird, greift er nach ihrer Hand, doch sie zieht sie weg. »Steig aus, Miststück!«

Ihre Augen füllen sich mit Tränen und Jimbo geht langsam der Arsch auf Grundeis.

»Nein, du fängst nicht an zu heulen, ich sag's dir, ich bring dich um, auf der Stelle!« Sie fährt sich über die

Augen, macht aber immer noch keine Anstalten, sich zu bewegen.

»Also gut, du willst wissen, was mit Gott los ist?«, sagt er in panisch-gehetztem Ton. »Er ist tot. Er ist so was von tot und begraben, hat nie existiert, und jeder ist allein, weil es so sein soll. Man ist allein, weil niemand es auch nur eine Zeit lang mit einem andern aushält, weil nämlich alles und jeder meinen verdammt dicken Schwanz lutscht, und wenn du nicht sofort aussteigst und es dem Typ besorgst, wie es sich gehört, schnippel ich dir die Möse weg und steck sie mir auf den Kühler.«

Ein winziges Lächeln huscht über ihre Lippen, und er denkt, jetzt ist sie komplett übergeschnappt. Er weiß aber auch, dass es in ein paar Minuten keine Rolle mehr spielt. Sie nimmt seine Hand, und er zieht sie aus dem Auto und bringt sie zur Eingangstür. Auf ihn gestützt, spürt sie seinen warmen Körper und die geheuchelte Besorgnis und ihr wird klar, wie recht er hat. Sie sieht den Kunden an, der an seinem Glas nippt, und erkennt etwas in seinen Augen. Der Blick. Nicht, dass sie sein Gesicht schon mal gesehen hätte, nein, aber sie kennt diese Augen. Es ist ein Blick, der immer und überall dasselbe ausdrückt, und wie breit der Mund auch lächelt, die Augen enthüllen die Wahrheit.

Jimbo führt sie hinein und setzt sie auf die Couch.

Im Kamin brennt ein Feuer und das Ganze erscheint ihr wie ein verworrener Traum. Jimbo spricht mit dem Fremden, erwähnt Caesar, den der Kunde anrufen soll, wenn er fertig ist. Dann verabschiedet er sich.

Miss Lonely beobachtet seinen Abgang, und als Jimbo beim Türrahmen angelangt ist, blickt er sich um. Auch diesen Blick kennt sie, der ist ihrem schon mal begegnet, nur kann sie sich nicht erinnern, wann und wo.

Die Tür fällt ins Schloss und der Kunde nähert sich ihr wie eine Raubkatze, langsam, kalt, ein Schimmern in den eisigen Augen. Er stellt seinen Drink ab und holt etwas aus der Gesäßtasche. Die Handschellen blitzen auf im Schein des Kaminfeuers ...

Jimbo fährt drei Stunden lang durch die Gegend, kippt Scotch und gibt sich die Bazooka, bis er völlig zugedröhnt ist. Das Telefon klingelt und er hat den Hörer am Ohr, bevor das erste Läuten verstummt ist.

»Ja, okay. Ich weiß, was zu tun ist.«

Er wendet und fährt den einsamen, dunklen Highway zurück.

Das Liebespaar hält einander bei den Händen, küsst sich am Geländer, blickt hinaus aufs Wasser. Über New Jersey geht die Sonne unter, eine blutrote Sonne, die schreiend ihr Bleiben verkündet, um sich alsbald flüsternd der Dunkelheit zu unterwerfen. Das Liebespaar schlendert am Geländer entlang, träumt von einem gemeinsamen Leben, von gemeinsamen Kindern, träumt den Traum der großen Liebe, versichert sich wechselseitig des Glücks, in einer Welt zu leben, wo Gott dafür sorgt, dass man einander liebt und sein Leben leben kann, ohne allein sein zu müssen. Sie gelangen ans Ende des Spazierwegs und wollen zurückgehen, als sie etwas im Wasser entdeckt. Nur ein alter Teppich, sagt er, ein Teppich, den jemand ins Wasser geworfen hat. Sie gehen zurück, Hand in Hand, und küssen einander im Licht der Straßenlaternen.

Nancy Normalo braucht noch was

Nancy Normalo braucht eins dieser kostbaren kleinen Rauchwölkchen. Sie komplimentiert ihren Mann zur Tür hinaus, mit Abschiedskuss, Lunchpaket und einem Schirm, für den Fall, dass es regnet. Er stößt nach seinem Bagel auf, bohrt in der Nase und gibt Nancy einen Klaps auf den Hintern, doch der ist es egal, Hauptsache, er verschwindet endlich. Der Raum fällt in sich zusammen, als die Tür geschlossen wird. Nancy dreht sich um, schwebt hinüber zur Anrichte und genehmigt sich etwas Brandy, um die nächsten zehn Minuten zu überstehen. Dann steigt sie in die Kleider, mit flauem Gefühl, leider, jetzt wird's Zeit, sich auf den Weg zu machen. Sie spült eine Valium mit Scotch hinunter, die ihr helfen soll, durch den Tunnel zu kommen, schnappt sich die Handtasche, schmeißt ein Pfefferminz ein und steuert den Geldautomaten an, um etwas abzuheben. Noch ist ihrem Mann nichts aufgefallen, denn bisher war sie umsichtig. Hält sich alles in Grenzen, denkt sie. Doch neuerdings konsumiert sie mehr. Sie fährt auf die Autobahn, ein Bulle winkt jemand an den Rand und dann hat sie die Ausfahrt des Tunnels erreicht.

Als sie an der Ampel hält, blasen die Obdachlosen zum Angriff, bewaffnet mit Gummiwischern und Eimern, und kein noch so heftiges Fuchteln mit der Hand kann sie vertreiben. Als sie fertig sind, ist die Scheibe schmutziger als zuvor, dennoch lässt Nancy einen Dollar springen.

Die Sonne scheint und bei Tage ist es ungefährlich. Die Bazooka-Jungs beachten Nancy nicht, denn inzwischen gehört sie zur Stammkundschaft, wenngleich sie viel zu normal aussieht. Sie fährt um die Ecke und die Straße ist leer. Nirgends eine Spur von irgendwem. Sie hält Ausschau nach den Cops, überlegt sich schon mal Ausreden, weshalb sie hier ist – sollte man sie anhalten. Sie fährt die Straße hinunter und fühlt sich angesichts der Huren auf den Treppenstufen etwas sicherer. Das Telefon klingelt und Nancy vermutet, dass BJ sie von einem der Häuser aus sehen kann und anruft, um ihr zu sagen, dass er gleich unten ist, doch dann fällt ihr ein, dass er diese Nummer gar nicht hat. Es ist ihr Mann, der anruft und fragt, wo sie sich so früh am Tage herumtreibt, und sie erklärt ihm, sie ist unterwegs, will schon mal ein paar Sachen für Thanksgiving einkaufen und eventuell den einen oder anderen vorgezogenen Weihnachtseinkauf tätigen. Ihr Magen verknotet sich, als er ihr sagt, sie soll das Weihnachtsgeld nehmen, schließlich ist das bereits seit fünf Monaten verpulvert. Scheiße, bei der Vorstellung, dass sie bald das Haus bevölkern werden, seine Familie, seine fette Schwester Shirley aus Bayonne plus passendem Akzent, wünscht sie sich, sie hätte noch einen Hunderter mehr abgehoben, denn das schreit geradezu danach, richtig hinzulangen. Sie kurvt ein paarmal um den Block, vorbei an den Kids und den Nutten, die alle herüberschauen und grinsen, weil sie wissen, weshalb Nancy hier ist. Sie fährt an den Straßenrand, lässt den Motor laufen, harrt der Dinge, die da kommen. Weiter oben an der Straße stolpert ein Typ mit langen Dreadlocks und in dreckiger, abgerissener Kleidung aus einem Haus und steigt in einen grauen Rolls Royce, der am Straßenrand parkt. Nancy schüttelt den Kopf, als der Wagen losfährt. Plötzlich ein Schrei hinter ihr, erschrocken fährt sie in ihrem Sitz herum und sieht, wie Kids im Rinnstein mit einer Ratte spielen.

»Was geht ab, Nance?«

BJ jagt ihr den zweiten Schrecken ein und als sie hochsieht zu ihm, bemerkt sie, dass er ein Auge auf sie richtet und das andere auf die Kids mit der Ratte. Sie hasst es, wie er sich immer durch ihr Fenster beugt, doch nur auf diese Weise wickelt er die Deals mit ihr ab. Sie sagt ihm, was er rüberreichen soll – vier Steine mehr als sonst –, und nur zu gern kommt BJ ihrem Wunsch nach, schließlich zahlt Nancy zehn und nicht fünf wie alle anderen – für BJ eine Art Ausfuhrsteuer. Er wickelt den Deal mit ihr ab und meint, sie könnte alles für lau haben, wenn sie einverstanden ist, dass man sich menschlich etwas näherkommt, gleich hier, hinter dem Haus. Nancy sagt, da fickt sie lieber Frankensteins Monster, aber sie lächelt dabei. BJ langt durchs Fenster und befummelt sie und Nancy lässt es geschehen, weil sie es sich nicht verderben will mit ihm. Er kneift ihre Nippel, bis sie hart werden, und Nancy schaut sich um, will sich vergewissern, dass niemand sie beobachtet, und solange das so ist, kann er sie ruhig begrapschen. Schließlich schiebt sie seine Hand weg und erklärt, das reicht jetzt, und als sie bemerkt, wie sein Schwanz sich unter seiner Hose markiert und ihrem Gesicht näher kommt, legt sie den Gang ein. BJ sagt, sie soll ihn jetzt nicht so stehen lassen. Er offeriert ihr sogar noch einen Klumpen, doch Nancy fährt los und winkt zum Abschied. Sie fährt vorbei an den Ampeln und Fensterputzern – noch ein Dollar weniger – und hinein in den Tunnel. Dort checkt sie den Stoff; gelinkt hat BJ sie noch nie, aber zu sicher sollte man sich niemals sein.

Sie fährt die geschwungene Einfahrt hinauf und betritt ihr Allerweltshaus. Drinnen geht sie geradewegs in ihr ganz spezielles, geheimes Versteck im Keller, von dem niemand etwas weiß, denn jeder andere sähe nur eine Ecke im Raum. Doch für Nancy ist es ihre Kathedrale. Sie zündet es an, das Zeug, das ihr das Hirn durchbohrt, sich an ihr Rückgrat schmiegt und ihr Herz liebkost, das ihre Seele umhüllt. Es gibt ihr das Gefühl von damals zurück, als sie noch tanzte, als sie gut war, ein großes Talent, wie mancher meinte. Sie wirbelt durch den Keller und die Pfosten der Treppe werden zu ihren Partnern, als sie sich aufschwingt wie ein Vogel, sich fühlt wie ein Phönix im Fluge, ein Adler in Flammen, ein Hund in einem Kampf. Sie schwebt die schwankende Holztreppe hinauf und tanzt auf Zehenspitzen in die Küche, um sich an die Hausarbeit zu machen. Inmitten dieses Hightech-Horrors, umgeben von Mixer und Passierstab, von Maschinen, dem Spielzeug der Gelangweilten, wird ihr klar, dass sie nichts zu tun hat. Das ist ihr Leben. Sie lacht wie ein junges Mädchen, hüpft durch das Haus und tanzt mit dem Wandschrank. Sie legen einen Walzer hin. Geknickt ist sie auch, weil eine Ladung bereits futsch ist und ihr nur noch das Grübeln bleibt darüber, was falsch gelaufen ist.

Ihr Mann macht sein Geld mit dem Verkauf von Bonds und anderen Geschäften und ist ihr fremd geworden. Das Jahr auf den Philippinen fällt ihr ein, als sie sich dem Peace Corps anschlossen. Sie hatten nur einander und waren nie glücklicher. Sie fragt sich, was geschehen ist. Angeblich versuchen sie schon seit einer Weile, Kinder zu bekommen, und seit Kurzem hat er den Verdacht, unfruchtbar zu sein. Doch jedes Mal, wenn er zum Arzt gehen will, redet Nancy ihm das aus und sagt, sie werden's eben noch mal probieren. Niemals würde

Nancy ihm stecken, dass sie wieder die Pille nimmt, denn solange sie das Zeug raucht, will sie keine Kinder. Nicht bevor sie weg ist davon, denkt sie, was direkt nach den Feiertagen in Angriff genommen werden sollte; denn um Weihnachten und womöglich auch Silvester zu überstehen, wird sie was brauchen. Am späten Nachmittag fährt sie in den Supermarkt, kauft den erstbesten Truthahn, um ihrem Mann etwas präsentieren zu können, wenn er nach Hause kommt.

Sie ist immer noch ein wenig bedröhnt von der Ladung nach dem Abendessen, und als ihr Mann Anstalten macht, sie zu ficken, wundert er sich über die blauen Flecken auf ihren Brüsten. Nancy sieht die Abdrücke, die BJ hinterlassen hat, und denkt sich, dass er wohl fester hingelangt hat, als es sich angefühlt hat. Sie bleibt gelassen und erklärt, die hat sie sich wohl zugezogen, als sie auf dem Bauch geschlafen hat. Er nimmt sie von hinten und das macht den Widerwillen und die Demütigung wett: So bleibt ihr wenigstens der Anblick seines Gesichts erspart. Sie zaubert sich gut aussehende Filmstars herbei, Baseballspieler und Rockstars, geheimnisvolle Männer ohne Namen und Neal, den Mann ihrer Schwester, den sie immer scharf gefunden hat. Aber das Grunzen ihres Mannes zerschlägt all ihre Phantasien. Sie spürt seine wabbeligen Oberschenkel gegen ihre klatschen, seinen lächerlichen, schnellen Höhepunkt, und als er herausrutscht, sich im Bett aufsetzt und den Fernseher anstellt, hätte Nancy tot umfallen können, er würde es nicht mitbekommen. Sie überlegt, zu masturbieren, doch dann hat sie eine bessere Idee.

Als sie wieder nach oben kommt, sitzt er noch immer aufrecht im Bett, und als sie an ihm vorbeigeht, unternimmt er einen Versuch, sie zu küssen, doch sie geht nicht darauf ein. Mit dem Wall Street Report im Hintergrund liegt sie im Bett, denkt über ihren Vorrat nach und daran, dass sie heute mehr geraucht hat als üblich; dann fällt ihr ein, dass heute ja Beschaffungstag gewesen ist und an diesen Tagen raucht sie immer mehr. Morgen wird sie zu ihrer normalen Ration zurückkehren und alles andere wird sich von selbst regeln, und sie wird BJ die nächsten fünf Tage nicht treffen müssen, immerhin. Dann schläft sie ein, während der Dow Jones um zwei Punkte fällt.

PARADE

Heute veranstalten sie eine Parade. Aber Lourdes Alverez wird nicht dabei sein. Genau wie ihr kleiner Sohn. Ein Jammer, denn schließlich ist sie der Ehrengast. Alle werden sie da sein: ihr weinender Ehemann und ihre halbwüchsige Tochter, Aspiranten aufs Bürgermeisteramt und Kreuzzügler gegen Drogen, und alle werden sie ihre Zungen wetzen für die Kameras. Lourdes hätte ihre Freude daran. Sie wird an nichts mehr Freude haben, nicht, seit Sammy ihr drei Abende zuvor eine Lektion erteilen ließ, dafür, dass sie die Polizei angerufen hatte, damit die ihn davon abhalten möge, seine äußerst einträglichen Geschäfte vor Lourdes Alverez' Haus abzuwickeln. Sie hatten sie nicht gleich umbringen sollen, lediglich durchs Fenster schießen, um sie einzuschüchtern, aber mit den Kugeln ist das so eine Sache ...

Wie auch immer, die Botschaft kam an. Natürlich schwingt ihr Mann jetzt große Reden, wie er noch härter gegen die vorgehen wird, noch kämpferischer. Einen

Waffenschein wird er sich besorgen, so kann er die ganz legal umbringen, aber Sammy weiß, sind die Kameras erst mal aus und haben die Hoffnungsträger einen neuen Kreuzzug eröffnet, sitzt Herman mit seiner halbwüchsigen Tochter erst mal allein zu Hause, ausgelaugt von der Arbeit und mit Zahlungen im Verzug, mit niemandem, der kocht und sauber macht, der ihn liebt, wird ihm was anderes einfallen, womit er sich die Zeit vertreiben kann. Die Parade wird gleich losgehen. Feuert die Bazooka ab und genießt die Show ...

ENDE EINER KINDHEIT

Willy erwacht mit einer Kakerlake im Gesicht, die über sein Auge krabbelt. Mit spitzen Fingern nimmt er sie weg und schnippst sie durch das offene, sämtlicher Scheiben verlustig gegangene Fenster. Er überzeugt sich davon, dass nichts in seine Nase und Ohren gekrabbelt ist, steht vom Boden auf und befördert die Bettdecke mit einem Fußtritt unter das Bett. Mommy ist seit gestern Abend nicht mehr zu Hause gewesen, und Susie sitzt mitten im Bett, eine alte Konservendose mit Wasser in der Hand. Neben ihr liegt eine leere Packung Cracker, und als sie Willy fragt, ob er Hunger hat, weil, sie hat ihm vier Cracker übrig gelassen, erwidert er, die soll sie selbst essen, was sie auch tut. Dann nimmt sie einen Schluck aus der Dose. Willy wirft einen Blick durchs Fenster auf die Straße, die noch trostloser aussieht als sonst. Alles hockt auf den Stufen und wartet darauf, dass es wieder dunkel wird.

Susie fragt, wo Mommy ist. Vermutlich in der Hölle, gibt Willy zurück.

Das findet Susie nicht sehr nett und sagt es auch.

Er dreht sich um und sieht, wie seine Schwester die verstreuten Krümel vom Bettzeug klaubt und sich anschließend die Finger ableckt. Er erklärt ihr, dass er etwas zu essen für sie besorgen wird.

In den Fluren riecht es nach Reinigungslösung, die Böden sehen aus, wie mit Dreckwasser glasiert, und Willy spürt die Nässe durch das Loch in seinem Turnschuh eindringen. Was für ein Glück, dass er keine Socken anhat. Die Wachmänner im Eingangsbereich haben gerade Pukin' Mario samt seinem Müllsack voller Dosen beim Wickel, doch Mario wehrt sich, will bleiben, und als sie ihn durch die Tür zerren, sieht es aus, als wäre er auf dem Weg zum elektrischen Stuhl. Alles jubelt und klatscht in die Hände, als sie ihn in den Rinnstein stoßen, doch Mario ist blitzschnell wieder auf den Füßen, steckt sich den Finger in den Hals und versucht, auf Camille zu kotzen, bis die ihm in die Eier tritt. Willy beobachtet noch, wie Mario die Straße hinunterstolpert, seinen Müllsack über der Schulter wie der Weihnachtsmann den Sack mit Geschenken, dann geht er Richtung Osten, zum Broadway, um ein bisschen Geld zu schnorren. Als die ersten Regentropfen fallen, reicht das Erschnorrte für zwei Egg McMuffins und Pommes, doch als er in das Zimmer zurückkommt, ist Susie weg. Er legt die beiden Sandwiches unter die Bettdecke, damit sie warm bleiben, und verdrückt die Pommes. Er untersucht seine Arme und Schultern, stellt fest, dass nicht mehr viel von den Striemen zu sehen ist, und befestigt anschließend seine Bettdecke an den beiden rostigen Nägeln oberhalb des Fensters, um den Regen abzuhalten. Dann geht er nach draußen und fragt Sizemore, wohin seine Schwester gegangen ist. Sizemore hat keine Ahnung. Willy setzt sich zu den anderen auf die Stufen und verfolgt, wie Leute mit Zeitungen und Regenschirmen über den Köpfen in Pfützen treten, und Rappin' Dave will sich eine Zigarette anzünden, doch die ist pitschnass. Sizemore zündet einen Joint an und reicht ihn weiter an Willy, der einen Zug nimmt und loshustet, bis Sizemore meint, er soll sich mal wieder einkriegen. Die Bullen lassen sich blicken, fahren aber weiter. Willy starrt auf die verzerrten Spiegelungen in einer Pfütze neben seinem Fuß und stellt sich vor, er wäre ein Regentropfen in dieser Pfütze von Welt, mittendrin zwischen all den anderen, die nur darauf warten, dass die Sonne wieder hervorkommt, damit sie zu Dunst werden und sich verflüchtigen können. An der Ecke taucht dieser kleine schwarze Stummel auf, und die winzigen nackten Füße, die unten hervorlugen, sagen Willy, dass sie es ist. Als sie näherkommt, sieht er ihr lächelndes Gesicht hinter dem aufgerissenen Loch und fragt, wo sie gesteckt hat, verdammt noch mal, und was der Quatsch mit der Mülltüte soll. Sie erzählt ihm, dass sie den Sack im Abfall gefunden hat, und meint, das ist doch 'n prima Regenmantel, oder?

Er reißt ihr den Plastiksack herunter und zieht sie nach drinnen, fährt sie an, dass Mommy mächtig angepisst gewesen wäre, wäre sie nach Hause gekommen und hätte gesehen, dass Susie weg ist. Er bringt sie aufs Zimmer und gibt ihr das Essen. Für ihn bleibt das zweite Sandwich, das sie nicht will. Von unten dringen Schreie und Gebrüll herauf. Susie rennt zum Fenster, stellt sich auf die Zehenspitzen und wird Zeuge, wie Pukin' Mario versucht, wieder in das Hotel zu gelangen, und wie die

Wachleute schieben und treten, und Willy kann es nicht fassen, dass jemand mit allen Mitteln hier hineinwill, wo doch jeder mit allen Mittel versuchen sollte, hier herauszukommen. Beim Anblick des nassen, strähnigen Haars seiner Schwester meint Willy, dass der Müllsack wohl doch kein so prima Regenmantel gewesen ist, schubst sie sanft aufs Bett und rubbelt ihr das Haar mit dem Kopfkissen trocken. Anschließend schiebt er sich das Hemd hoch, legt sich auf den Bauch und sagt ihr, sie soll mit den Fingern Bilder auf seinen Rücken malen. Sein Part ist es, dahinterzukommen, was sie darstellen. Gegen halb fünf am Nachmittag kommt Mommy hereingewankt, die Augen weit und blutunterlaufen. Sieht ganz so aus, als hätte sie überhaupt nicht geschlafen. Als Susie fragt, wo sie gewesen ist, antwortet sie: weg. Willy nimmt die Bettdecke vom Fenster, wringt sie über dem Fußboden aus und Mommy fängt an zu zetern, was für eine Schweinerei er da veranstaltet. Sie fragt Susie, ob sie heute schon etwas gegessen hat, und Susie berichtet von den Egg McMuffins. Willy geht zur Tür, und als Mommy wissen will, wohin er geht, sagt er: weg. Auf dem Weg nach unten kommt ihm Chas entgegen und Willy drückt sich an der Wand entlang, als sie wortlos aneinander vorbeigehen. Vor Melodys Tür bleibt er stehen und lauscht einen Moment, aber von drinnen ist nichts zu hören, also geht er vor die Tür und setzt sich auf die Stufen, neben Sizemore, der noch einen Joint anzündet. Diesmal muss Willy weniger stark husten. Frank-Freundlicher-die-Welt-hasst taucht auf und fragt, ob er mal 'nen Zug nehmen kann, doch Sizemore sagt, er kann gerne mal einen Zug von seinem, Sizemores, Schwanz nehmen, woraufhin Frankie kontert, wenn er nicht so

freundlich wäre, würde er ihm jetzt in seinen verdammten Arsch treten. Er fördert eine Fernsehantenne zutage
und fragt, ob sie die kaufen wollen, für fünfzig Cent. Als
sie nein sagen, bietet er sie für fünfundzwanzig an. Sizemore schlägt ihm vor, zum Spielplatz zu gehen und den
Kids für zehn Cent seinen Vierzigzentimeterschwanz zu
zeigen, aber Frankie sagt, die haben ihn schon gesehen
und niemand will noch was abdrücken für den Anblick.
Dann kommt Melody heraus in ihren schmutzigen
Schlabberjeans und einem Stück Schnur als Gürtelersatz,
und Willy bemüht sich, seine Freude nicht allzu sehr zu
zeigen. Sizemore hält ihr den Joint hin, sie greift zu,
inhaliert, ohne zu husten, reicht ihn an Willy weiter und
der hustet. Willy meint, hinter ihrer Tür ist es ganz still
gewesen, und sie antwortet, sie sind alle voll eingepennt.
Sie fragt nach einer Zigarette, doch niemand hat eine,
also erklärt sich Willy bereit, eine zu kaufen, im Laden
an der Ecke. Von seinem letzten Vierteldollar kauft er
zwei, und als er Melody eine gibt, sagt sie, sie wird es
ihm morgen zurückzahlen. Willy entdeckt zwei leere
Bierdosen im Rinnstein, hebt sie auf, lächelt Melody zu,
und dann gehen sie zusammen zum Laden und kaufen
zwei Kaugummis, Bazooka, die süßen rosafarbenen.
Melody darf sich nur in der Nähe des Hotels aufhalten,
und Willy fragt nicht nach, warum. Immer mehr Leute
kommen nach draußen, die Vordertreppe füllt sich.
Auch Willy und Melody hängen dort ab, machen Kau-
gummiblasen, die sie mit den Fingern zerstechen. Jedes
Mal, wenn Melody »Wechseln!« kreischt, werden die
Kaugummis getauscht, und für Willy kommt das gleich
nach Küssen. Die Sonne geht unter, und vom Fenster
aus ruft Melodys Mutter Melody nach oben. Willy sagt,

er muss auch nach oben, also könnten sie doch zusammen gehen. Er bleibt, bis sie in ihrem Zimmer verschwunden ist, dann geht er nach oben in sein eigenes, doch da ist niemand.

Er geht wieder hinunter auf die Straße, wo Chas etwas abseits steht, während Mommy die Leute um etwas Kleingeld angeht, weil ihr kleines Mädchen doch etwas zu essen haben muss. Susie hält die Hand auf, und so sitzen sie da, mit bemitleidenswerten hungrigen Mienen, und blockieren den Bürgersteig. Chas wird langsam stinkig, weil die meisten keine Notiz nehmen. Eine Frau in langem, grünem Mantel bleibt stehen, sieht Susie an und beginnt, Fragen zu stellen, doch Mommy zieht Susie weg, und als die Lady sich nicht abschütteln lässt, geht Chas dazwischen und stellt klar, dass sie sich um ihren eigenen Dreck kümmern soll. Die Lady droht, die Polizei zu rufen, die Jugendfürsorge zu informieren, doch Chas gibt ihr den guten Rat, einen Krankenwagen zu rufen, weil sie den nämlich gleich brauchen wird. Mommy mischt sich ein, sagt zu Chas, lass uns nach Hause gehen, der aber fährt sie an, sie soll ihr verdammtes Maul halten, und wendet sich wieder der Lady zu nach dem Motto, wenn sie so in Sorge ist wegen der Kleinen, warum rückt sie dann kein Geld raus, damit man ihr was zu essen kaufen kann? Die Lady macht kehrt, will sich wohl einen Polizisten greifen, und alles läuft auseinander.

Oben, im Zimmer, macht Mommy auf der Kochplatte eine Dose Eintopf warm, nur, sollte der Geschäftsführer sie noch mal dabei erwischen, wie sie auf dem Zimmer kocht, wird er sie alle an die Luft setzen. Am Fenster ballert sich Chas das Hirn zu, und Mommy bettelt um

einen Hit, doch Chas meint, sie soll sich verpissen. Susie
rührt im Eintopf, dabei kippt die Dose um. Mommy
packt Susie am Arm, zerrt sie weg, flucht wegen des ver-
schütteten Essens, und Chas wirft ihr einen Blick zu, ätzt,
der Rest ist ja wohl seins, doch nach dem ersten Bissen
schiebt er die Dose weg und meint, sollen sie doch alle
dran ersticken.

Später, als die Mädchen aus der Fabrik an der Vordertreppe vorbeischlendern, verrät Sizemore, dass er Betty
McBain gestern Abend im Treppenhaus gevögelt hat,
doch Willy kauft ihm das nicht ab, schließlich könnte
Betty altersmäßig Sizemores Mutter sein. Das ist der
Moment, als Willys Mutter aus dem Hotel kommt, Chas
im Schlepptau, und Willy den Auftrag erteilt, Susie im
Auge zu behalten, aufzupassen, dass sie im Zimmer
bleibt. Dann verschwindet sie mit Chas die Straße hinunter. Sizemore und Willy machen sich auf den Weg
zur 48ten, um bei den Theaterbesuchern etwas Kleingeld abzugreifen. Willy fragt sich, was in diesen Thea-
tern wohl so abgeht, denn in ihren Nerzen und Anzü-
gen, mit ihren Juwelen und Limousinen kommen ihm
diese Leute vor wie Außerirdische.

Anschließend lungern sie vor dem Lebensmittelladen
herum und als sie Frank-Freundlich-der-die-Welt-hasst
sehen, bitten sie ihn, Bier zu organisieren, und, ja, er
würde es machen, wenn zwei Dosen drin sind für ihn.
Eine kann er haben, erklärt Sizemore, aber zwei wären
wohl etwas übertrieben. Für einen leichten Dusel reichen zwei Dosen völlig aus und so gehen Willy und Sizemore zur 9ten Straße, um die Mädels zu beobachten.
Melody ist auch darunter. In ihrem hübschen blauen
Kleid, das Make-up fingerdick, steht sie da und quatscht

mit ihren Freunden, samt und sonders totale Hohlköpfe, Penner und Prolls. Willy spürt diesen Schauer über seinen Rücken laufen, denn er glaubt, verliebt zu sein, soweit ein Zehnjähriger verliebt sein kann, zumindest. Melody dreht sich um, entdeckt ihn und zwinkert ihm zu, aber er geht nicht hinüber zu ihr, denn ihre Mutter hat ihm eingeschärft, sich von ihrer Tochter fernzuhalten. Sie ist erst zwölf und hat eine ganze Latte von Stammkunden, hätte sie jedoch eine weiße Haut, wäre Melody vermutlich bereits reich.

Auf der Treppe, auf seinem Weg nach oben, schlägt Willy dicker, minziger Rauch entgegen; Rappin' Dave hockt im Flur und zündet Raketen, zusammen mit Betty McBain, die von Willy wissen will, was er später noch so vorhat, und als Willy erwidert, nichts Bestimmtes, feixt sich Rappin' Dave eins.

Im Zimmer sitzt Susie auf dem Fensterbrett, ein Bein nach draußen, und Willy jagt ihr einen mordsmäßigen Schrecken ein, als er sie von hinten packt und hineinzieht. Sie fängt an zu weinen, als Willy losbrüllt, was diese kranke Scheiße soll, die sie da macht, und sie antwortet, sie wollte nur rausgucken, woraufhin Willy sie anherrscht, sie hat hier drin zu bleiben, verdammt noch mal. Sie setzt sich aufs Bett und zieht ein Gesicht, also sagt Willy, sie soll mal herkommen. Dann hebt er sie auf das Fensterbrett, achtet jedoch darauf, dass ihre Beine nach innen zeigen. Gemeinsam beobachten sie den Verkehr auf der Straße und die abgerissenen Gestalten. Im Flur gibt es offensichtlich Streit und als Susie losläuft, um die Tür aufzumachen, greift Willy ihren Arm und sagt ihr, sie soll das bleiben lassen.

Irgendwann wird Willy von den Geräuschen geweckt,

die Chas und Mommy machen, als sie hereinkommen; beide sind hackedicht, lachen und albern herum, und Chas klebt an ihr wie eine Klette, befummelt und betatscht sie und sie kichert und leckt ihn ab. Willy weiß, es ist Zeit, hinaus auf den Flur zu gehen. Susies Gesicht steckt unter der Bettdecke, und Mommy sagt, Willy soll vorsichtig sein, als er sie aus dem Bett hebt und auf den Boden im Flur legt. Susie rollt auf die Seite, macht die Augen auf und weiß erst mal gar nicht, wo sie ist. Sie richtet sich auf, lehnt sich neben ihrem Bruder an die Wand und horcht auf das Quietschen und Stöhnen aus dem Zimmer. Willy zieht sein Hemd hoch und ermuntert sie, Bilder auf seinen Rücken zu malen, doch sie ist müde, sagt sie, legt sich wieder auf den Boden, die Hände unter ihrem Gesicht gefaltet, und versucht zu schlafen.

Chas scheucht sie früh auf am nächsten Morgen und Mommy ist total groggy, sagt, sie braucht einen Hit, um in die Gänge zu kommen, woraufhin Chas meint, er verpasst ihr gleich einen Hit, wenn sie sich nicht sofort am Riemen reißt. Er zieht mit Susie und Mommy zum Broadway, wo er sie beide im Auge behält, während sie um Kleingeld betteln. Willy sitzt unterdessen vor Melodys Tür, und beim ersten Geräusch, das Bewegung verrät, wird er aufspringen und ohne erkennbaren Grund schreiend wegrennen. Eine Stunde verharrt er so, dann geht er vor die Tür, wo sich alle das Maul darüber zerreißen, dass Pukin' Mario heute früh festgenommen wurde, und als die Bullen ihn in den Wagen verfrachten wollten, soll er angefangen haben zu kotzen, woraufhin sie ihn verprügelt haben. Gegen zwölf taucht Melody auf und Willy sagt, komm, lass uns was zu essen besorgen, doch keiner von ihnen hat Geld. Melody meint, er soll hier warten, bis sie wieder da ist, und während er so wartet, spielt er mit dem Gedanken, sich die Tüte mit den leeren Getränkedosen aus dem überladenen, windschiefen Einkaufswagen einer alten obdachlosen Frau zu schnappen. Doch dann kommt Melody zurück und hat fünf Dollar dabei. Sie gehen zu Popeye's, wo Willy die Knochen der vor Fett triefenden Hühnerkeulen auf den Boden wirft, bis Melody sagt, er soll sie aufheben, und nachdem er sie aufgehoben hat, wirft sie alle wieder auf den Boden, und beide lachen. Irgend so ein Popeye's-Mensch in seiner öligen Existenz macht sie an, sie sollen gefälligst Leine ziehen. Willy sagt, soll er doch Scheiße fressen, doch Melody meint, besser wär's, er würde die Hühnchen fressen, und draußen, auf der Straße, schütten sie sich aus vor Lachen. Melodys Gesicht sieht aus wie weiche Schokolade in der Sonne und beim Blick in ihre großen, runden Augen möchte Willy irgendwas anstellen mit ihr, wenn er nur wüsste, was. Sie hängen auf der Treppe vor dem Hotel ab; Pigtail Peggy hat ihren Kassettenrekorder dabei und Melody und Morris fangen an zu tanzen. Willy und Sizemore sitzen da und grinsen sich eins. Chas kommt mit Mommy und Susie zurück. Susie mault, sie ist müde, ihr tun die Beine weh, und Chas gibt Mommy zu verstehen, sie soll sich mit ihr nach oben verziehen. Er bleibt unten, nimmt den Joint, den Sizemore ihm anbietet, und fragt Willy, wie viel er heute abgegriffen hat. Als der »nichts« erwidert, reagiert Chas mächtig angepisst, bezeichnet Willy als überflüssiges, dummes Stück Brot und gibt ihm eine Kopfnuss. Melody hört auf zu tanzen, und Willy kommt sich mit einem Male richtig lächerlich vor. Chas stürmt ins Hotel

und Willy geht hinterher, ohne sich von Melody zu verabschieden. Als er das Zimmer betritt, sitzt Chas da,
zählt das Geld und überlegt, wie viel man für das
Abendessen erübrigen kann. Willy bekommt die
Ansage, dass er an seinen Zehen lutschen kann, weil für
ihn heute Abend nämlich nichts drin ist, und Mommy
mischt sich ein, sagt, er muss doch was essen und wenn's
nur 'n Hamburger ohne alles ist, doch Chas gibt zurück,
wer nicht arbeitet, kriegt auch nichts zu essen, und er
will nichts mehr hören, sonst kann sie sich die nächste
Dröhnung abschminken. Also hält Mommy die Klappe
und wirft Willy einen entsprechenden Blick zu. Chas
murmelt was in seinen Bart von wegen Mommy ist
schuld, dass zu viele Leute vorbeilaufen, ohne Geld
abzudrücken, weil sie sich nicht genug dahinterklemmt.
Soll sie ihnen Susie doch direkt unter die Nase halten,
und überhaupt, beide müssen sie noch viel fertiger und
hungriger aussehen, aber Willy, der auf der Bettkante
sitzt, meint, dass sie wohl kaum noch fertiger und hungriger aussehen können. Jetzt tickt Chas aus, greift sich
Willy und schleudert ihn gegen die Wand, schlägt ihm
mit der flachen Hand ins Gesicht, boxt ihm in den
Magen. Willy geht japsend zu Boden. Chas muss heute
Abend wirklich mächtig angefressen sein, denn er
nimmt sich jetzt Mommy vor, beschimpft sie, schreit,
wie sehr er sie hasst, sie und ihre verfluchten Bälger, und
wenn sie nur halbwegs nach was aussehen würde,
könnte sie wenigstens anschaffen gehen. Mommy schreit
zurück, dass er aber komischerweise nichts auszusetzen
hat an ihren Schecks von der Wohlfahrt, die regelmäßig
eintrudeln, woraufhin Chas sie anbrüllt, die beschissene
Situation hier geht auf ihr Konto, zweitausend Dollar

gehen drauf, nur um hier zu wohnen, und die wären in Crack allemal besser angelegt. Als Mommy Anstalten macht, noch etwas zu sagen, hat sie Chas' Faust im Mund. Susie flüchtet hinüber zum Bett und setzt sich neben Willy auf den Boden, während Chas ihre Mutter nach Strich und Faden verprügelt. Sie müssen mit ansehen, wie sie zu Boden geht, sich verzweifelt wehrt, als Chas sie mehrmals im Gesicht trifft, sie bei den Haaren packt und ihren Kopf gegen den Boden schlägt. Als sie versucht, nach ihm zu treten, versetzt er ihr ein Dutzend schwere Fausthiebe auf die Oberschenkel, bis sie sich auf die Seite rollt, die Arme schützend um den Kopf schlingt und schluchzt. Willy und Susie sitzen da wie versteinert und starren nur auf ihre Füße. Als Nächstes ist Willy dran. Chas brüllt, er soll seinen Arsch bewegen, irgendwas machen, damit er, Chas, ihn umbringen und seine verdammte Leiche irgendwo verscharren kann, wo niemand sie je finden wird; und der Ausdruck in seinen Augen sagt Willy, dass Chas es ernst meint. Chas rennt zur Tür hinaus.

Willy und Susie hören, wie ihre Mutter auf dem Boden wimmernd nach Atem ringt. Irgendwie schafft sie es auf das Bett und neugierig dreht Susie den Kopf in ihre Richtung, doch Willy dreht ihr den Kopf zurück. Allerdings nicht schnell genug, denn unter Weinen stößt Mommy hervor, dass nur Willy schuld ist an allem, dass sein Vater ein wertloses Stück Scheiße war und so wie heute hat sie Chas noch nie erlebt. Aber das liegt nur an dem Druck, sich um zwei nutzlose Kinder kümmern zu müssen, und wäre sie noch mal in so einer Lage, würde sie sie abtreiben. Susie sieht Willy an und er liest in ihrem Gesicht, dass sie keine Ahnung hat, wovon Mommy spricht.

Weil ihre Mutter die Raketen braucht, muss Melody heute Abend wieder arbeiten. Die Mutter ist auch da und hat ein Auge darauf, dass jeder seine Rechnung begleicht. Geduckt hinter den Autos beobachtet Willy die Szenerie, und Melody schielt hinüber zu ihm, als handele es sich um ein geheimnisvolles Spiel, das sie spielen. Aber nachdem er gesehen hat, wie sie in einige Autos gestiegen ist und wie sich der Ausdruck in ihrem Gesicht verändert hat, als sie wieder ausgestiegen ist, stiehlt sich Willy zurück zum Hotel und setzt sich zu Sizemore und Roberto, dem Wachmann, auf die Vordertreppe. Sizemore zieht an einem Joint und Roberto, der Wachmann, sagt ihm nicht, er soll ihn ausmachen. Da weiß Willy, dass Roberto cool ist.

In der Lobby treibt sich Betty McBain herum. Fast die halbe erste Treppe hinauf verfolgt sie Willy und fasst ihn von hinten an. Als er sich umdreht, grinst sie und meint, sie will ihm etwas zeigen, was ihm ganz sicher gefallen wird. Willy verhält sich etwas zurückhaltend, denn Betty ist ihm nie ganz geheuer. Sie nimmt ihn bei der Hand, zieht ihn die Treppe hinauf, vorbei an seiner Etage, ganz nach oben, wo sich abseits ein kleines Zimmer befindet. Dort zieht sie ihre Bluse aus, und Willy starrt nur auf ihre Brüste, vor allem auf die harten Nippel, die wie Fingerspitzen auf ihn zeigen. Betty nimmt seine Hand und zwingt ihn, sie dort zu berühren. Es fühlt sich kühl an. Sie packt seinen Kopf und zieht ihn zu sich heran, sagt, Willy soll mal saugen. Dann küsst sie ihn auf den Mund, lässt ihre Zunge hineingleiten, und Willy schmeckt das Minzaroma von abgebranntem Crack, wonach Mommy immer riecht. Betty streift ihren Rock ab und steht da in Rüschenslips und Strapsgürtel, und als Willy genauer hinsieht, kann er ihre Muschi durch den Ausschnitt im Schritt lugen sehen. Jetzt kniet sich Betty hin, macht seine Hose auf und zieht sie hinunter bis zu seinen Fußknöcheln, legt sich rücklings auf den kalten Fliesenboden und fragt ihn, ob er das schon mal gemacht hat. Als Willy »was denn?« fragt, kichert sie und spreizt die Beine. Er steht unschlüssig da, bis Betty ihn mit den Beinen zu sich heranzieht. Sie nimmt seinen Schwanz in die Hand, aber der ist nicht besonders hart, und Willy wüsste sowieso nicht, wohin damit. Betty richtet sich auf und nimmt ihn in den Mund. Willy stöhnt und binnen Sekunden ist er hart, aber jedes Mal, wenn Betty sich hinlegt, wird er wieder weich. Betty macht sich lustig über Willy und fragt, ob er auf Jungs steht. Willy kapiert nicht so ganz, was sie meint. Nach dem vierten erfolglosen Versuch erklärt Betty, dass er noch zu jung ist und man sieht sich nächstes Jahr. Willy zieht die Hosen hoch, geht die Treppe hinunter ins Zimmer, wo Mommy und Chas hackezu auf dem Bett liegen. Susie sitzt derweil auf dem Boden und malt Gesichter auf eine Zeitung.

Mitten in der Nacht hört Willy Geschrei. Er ist der Einzige, der nicht schläft, denn als er Susies Namen flüstert, antwortet sie nicht. Jemand schreit um Hilfe, jammert, und es hört sich nach verdammt üblen Schmerzen an. Vermutlich eine Messerstecherei oder so, denn ein Schuss ist nicht zu hören gewesen. Wäre einer gefallen, Willy hätte ihn gehört. Er hofft, dass es niemand ist, den er kennt. Die Augen zur Decke gerichtet, betet er zu jemandem, wer auch immer da oben sein möge. Aber sicher ist sicher.

Willy erwacht von seinem eigenen Schrei. Chas ist ihm auf die Hand getreten, als er aus dem Bett gestiegen ist, und macht ihn jetzt an, dass er sich gefälligst näher ans Fenster legen soll und nicht direkt neben den Bettrand, wenn er nicht will, dass man ihn tritt. Mommy ist völlig ab und Chas muss sie erst im Bett aufsetzen, bevor sie wach wird. Er nimmt die beiden letzten Bagels von gestern Abend, bricht sie in Hälften und wirft die Teile für Willy und Susie aufs Bett.

Melody taucht an der Vordertreppe auf und verkündet, dass sie heute Abend nicht arbeiten wird, weil, sie hat angefangen zu bluten und deshalb hat ihre Mutter ihr heute freigegeben. Sie und Willy sitzen auf den Stufen, rauchen Zigaretten und beobachten die Freak-Parade vor ihren Augen. Willy fragt Melody, weshalb er jedes Mal einen Hustenanfall bekommt, wenn er sich Sizemores Gras reinzieht, bei Zigaretten jedoch nie husten muss. Melody meint, dass Sizemore das billigste Dreckskraut raucht, das man sich denken kann.

Sie wird nachher mal was Anständiges besorgen, sagt sie, weil, letzte Nacht hat sie nämlich ein Trinkgeld von zwanzig Dollar im Höschen gebunkert. Sie gehen ins Playland und Melody steckt Willy vier Vierteldollar zu, und während er Defender spielt und jedes Mal getötet wird, schaut sie sich nach Bekannten um. Sie geht auf einen Schwarzen zu, einen Typ, dunkel wie Teerpappe und in einem lila Kapuzenshirt, der sogleich ein Grinsen aufsetzt, als er sie sieht. Er hält ihr seinen Mittelfinger hin und sie klemmt sich den zwischen die Zähne. Willy hört Explosionsgeräusche, wirft einen Blick hinunter auf den Monitor und sieht, wie er sich im All in seine Bestandteile auflöst. Melody kommt wieder herüber zu ihm, sagt, komm, hauen wir ab, und beim Hinausgehen erklärt sie, was sie jetzt brauchen, ist ein Stiel, und Willy denkt dabei zunächst an Blumen.

Ihm gefällt das knisternde Knacken, als Melody das Streichholz an dem rußgeschwärzten Pfeifenkopf vorbeizieht. Er beobachtet das Leuchten, das in ihre Augen tritt, als sie sich kurz weiten. Sacht bläst sie ihm den Rauch ins Gesicht und er spürt ihre Seele darin. Melody hält ihm den Stiel hin, Willy nimmt ihn in den Mund und zieht kräftig daran, während sie ein Streichholz an den Pfeifenkopf hält und sagt, Willy soll langsam einatmen. Zwei Sekunden später steht er völlig neben sich, fällt beinahe vornüber, sodass Melody ihn kichernd am Hemd festhält. Genau deshalb, meint sie, arbeitet sie auf der Straße, und Willy kann es fast nachvollziehen. Der Boden gibt nach unter seinen Füßen, die Welt beginnt zu kippen und Melody lacht, weil Willy seitlich auf dem Pflaster liegt. Sie beugt sich hinunter und hilft ihm auf. Er fühlt sich wie gelähmt, sitzt da und hält sich am Boden fest. Sie bugsiert ihn hinüber an die Mauer und die kalten Steine an seinem Rücken setzen seinem Schwindelgefühl ein Ende. Sie reden, zünden Raketen ins Dunkel und keiner von ihnen macht Anstalten aufzustehen. Die ganze Zeit über stellt Willy sich vor, sie wären verheiratet, lebten auf dem Land und täten, was normale Menschen so tun, hätten eigene Sachen und genügend zu essen, und jedes Mal, wenn er sich mutig genug fühlt, ihr davon zu erzählen, macht er einen Rückzieher. Sie sagt, von ihm fühlt sie sich nicht bedroht, er will nichts von ihr, so wie alle anderen, und deshalb hat sie ihn gern. Da wird ihm klar, dass er in ihren Augen nur ein Kind ist, für alle Welt ein Nichts, und dass er jedem, mit dem er zu tun hat, nichts als Scherereien macht, und deshalb kann er es ihr wirklich nicht verübeln, wenn sie nur befreundet sein möchte mit ihm. Ein kalter Schauder erfasst ihn, obwohl es noch immer recht heiß ist. Sie hocken auf den Stufen und jeder Kerl, der vorbeikommt, versucht Melody anzugraben, und Willy sitzt da und kommt sich irgendwie minderwertig vor. Sie nicht zu kennen, ob das besser wäre als dieser Zustand? Er fragt sich, ob ihm etwas fehlen würde, wenn es sie nicht gäbe, oder gäbe es jemand anderen an ihrer Stelle? Bei Sonnenaufgang sind sie immer noch wach und allein zu zweit, denn Sizemore schläft wie ein Stein und Colleen ist weg, um Zigaretten zu holen. Melody rutscht dicht heran an Willy, berührt sein Knie und sagt, dass es guttun würde, einfach wegzulaufen, und vielleicht könnten sie das eines Tages tun, abhauen und nie wiederkommen, denn was hält sie hier? Wer würde sie vermissen oder sich um sie sorgen? Weil, sie hasst ihre blöde Mutter und will nicht für sie arbeiten. Und wäre es nicht besser für sie beide, sie würden sich einfach aus dem Staub machen? Obwohl Willy noch nie darüber nachgedacht hat, sagt er spontan, ja, das wäre es. Als Colleen zurückkommt, rutscht Melody zurück auf ihre Seite der Treppe und lässt sich eine Zigarette geben.

Susie sitzt in der Ecke, ein Kissen vor dem Bauch, und Mommy bleibt im Bett, sagt nichts und hofft, dass er sich bald wieder einkriegt, denn Chas geht rastlos im Zimmer hin und her, ächzt wie ein Tier und tritt nach allem, was ihm vor die Füße kommt. Das Letzte, wonach ihm jetzt der Sinn steht, ist ein Willy, der zur Tür hereinkommt. Und als genau das passiert und Willy auch noch fragt, ob was nicht stimmt, fährt Chas herum und legt los von wegen, sie sind nichts als ein Haufen lahmarschiger Missgeburten, zum Scheißen zu dämlich, schaffen nicht genug Schotter ran, nicht genug fürs Fressen, nicht genug für den Stoff. Und das macht er nicht länger mit, er hat die Schnauze voll davon, sich aufzuopfern, und von jetzt an weht ein anderer Wind. Willy weiß nicht, wovon Chas redet, bis der ihm einen Schlag ins Gesicht verpasst. Sauber platziert. Genau auf die Wange. Willy geht zu Boden und heult auf, ein Schmerz durchzuckt ihn, als wäre eine Nadel mitten durch seinen Schädel geschossen. Sein Gesicht ist knallrot, sein Magen in Aufruhr, und als Willy die Augen öffnet, glaubt er, erblindet zu sein. Susie verschanzt sich hinter ihrem Kissen, tut so, als wäre sie unsichtbar. Mommy sieht erst hinüber zu Willy, der sich am Boden hin und her rollt, als hätte man ihm sonst was aus dem Leib gerissen, dann wandert ihr Blick zu Chas, der eine Rakete abfeuert. Schließlich behauptet er, der Junge spielt nur Theater, so hart war die Abreibung nun auch wieder nicht, es tut ihm leid, war nicht so gemeint und kommt auch nicht wieder vor. Dann hält er ihr die Bazooka hin, sie greift zu und gibt sich die Ladung.

Willys Gesicht verfärbt sich lila und schwillt an wie ein Ballon. Sein Kiefer schmerzt wie Sau, und wenn er den Mund aufmacht, dann nur um zu wimmern. Er schämt sich so sehr, dass er die nächsten Tage im Zimmer verbringt. Für Susie ist er Luft. Als er endlich wieder vor die Tür geht, möchte er auf keinen Fall Melody begegnen, also wartet er, bis es dunkel ist, und setzt sich zu Sizemore auf die Treppe. Der tötet ihm den Nerv, von wegen Willy könnte mit seinem neuen grün und blau geschlagenen Gesicht richtig Kohle abstauben, aber Willy sagt nur leise »nein«. Als Chas ihn gestern angeherrscht hat, er soll sich endlich abgewöhnen, sein

Gesicht mit Absicht aufzublasen, und als er dann noch den Arm gehoben hat, als ob er ausholen wollte, hat Willy sofort angefangen zu weinen und Susie hat sich unters Bett verzogen. Dann hat Mommy gesagt, Chas soll aufhören, die Kinder zu schlagen, und Chas hat gemeint, er hat ihnen kein Härchen gekrümmt. Beide haben sie am Fenster gesessen und Chas hat Mommy rumgekriegt, ihm einen zu blasen. Willy hat Susie unter dem Bett hervorgeholt und ist mit ihr hinaus auf den Flur gegangen. Dort, wo sich die Stille vermischt hat mit dem Geruch des Flurs und dem Rauch aus dem Zimmer, hat Willy den Wunsch verspürt, sich die Dröhnung zu geben, sich das Hirn zu verdampfen und überall zu sein, nur nicht hier. Seine Schwester hat vor sich hin gestarrt wie hypnotisiert. Er hat ihr vorgeschlagen, ihm Bilder auf den Rücken zu malen, doch sie hat ihn einfach ignoriert. Hilflos hat er sie durchgeschüttelt, doch sie hat weiter geschwiegen. An den Haaren hat er sie gerissen, ihr Ohrfeigen versetzt, sie zum Weinen gebracht, ist aufgesprungen und hat sie angebrüllt, na, wie gefällt dir das? Dich schlägt er doch nie windelweich, oder? Dann hat er sie heulend zurückgelassen, ist den Flur entlang und hinaus auf die Straße, und die ganze Zeit hat er gespürt, wie es kocht in ihm, immer stärker, immer mehr, und er hat sich nicht zu helfen gewusst. Er ist zur Baustelle gelaufen, hat Scheiben eingeworfen, und mit jedem Klirren hat er sich ein wenig besser gefühlt. Melody hat auf der 9ten Straße gestanden und Willy ist einfach an ihr vorbeigegangen, und wenn ihre Mutter deswegen was zu meckern hat, scheiß drauf, oder ist die verdammte Straße etwa ihr Eigentum? Vor dem Elektroladen ist Willy schließlich stehen geblieben, hat in die

Fernsehapparate geglotzt und sich gefragt, weshalb er eigentlich auf der Welt ist und was es mit dieser Scheißwelt auf sich hat, überhaupt, Scheiße, was sind das für Leute da im Fernsehen, leben wie Königinnen und Könige, haben Häuser und Autos, schicke Kleider, in Wirklichkeit lebt keiner so, ist doch alles nur Phantasie.

Sizemore hat diese kleinen Punkte auf seinem Arm, die aussehen wie Schorf, und als Willy wissen will, was das ist, sagt Sizemore »Pickel«, zieht den Ärmel seines Hemdes hinunter, knöpft sich die Manschette zu und legt einen Finger auf den Mund. Auf der 46sten Straße entdeckt Willy Chas, Mommy und Susie beim Betteln. Dieser Ausdruck in Chas' Gesicht, er weckt in Willy den Wunsch, Chas zu erschießen. Ach, drauf geschissen, er verdrückt sich lieber, klaut irgendwo eine Brezel und schleicht sich in einen Kung-Fu-Film. Anschließend hängt er vor dem Peeptown ab, kann von außen jedoch allenfalls die Regale mit Heften und Büchern und die Kabinen erkennen. An der Ecke stellt sich eine erblondete Schwarze zur Schau. Der Arm steckt in Gips und ihr Gesicht sieht irgendwie alt aus und man kann erkennen, wie sich das krause, dunkle Haar unter der Perücke freizukämpfen sucht. Das Schaufenster des Ramschladens platzt fast aus allen Nähten: Messer, Dosen mit Tränengasspray, Pfeifen und Handschellen, allerhand falsche Ausweise, Nunchakus und Wurfsterne, Bowie-Messer, und als Willy durch die Scheibe linst, meint er, weiter hinten ein Gewehr zu sehen. Er dreht sich um und findet sich umzingelt von drei Typen, die Geld von ihm wollen. Sie nehmen ihm nicht ab, dass er nichts hat, durchwühlen seine Taschen und stoßen ihn zu Boden. Willy bleibt liegen, bis sie weg sind, froh darüber, dass keiner von ihnen zugeschlagen hat.

Sie sitzen auf dem Bett, essen Hamburger, als Willy das Zimmer betritt. Mommy wirft ihm einen Burger zu und Willy hockt sich hin auf den Boden, sieht seine Schwester an, die ihn noch immer keines Blickes würdigt. Mommy und Chas lächeln einander an, also muss der Tag gut gelaufen sein für sie. Unterdessen sortiert Susie die Gürkchen aus und legt sie auf die Serviette. Willy fragt, ob er die Gurken haben kann. Ohne ihn anzusehen, hält Susie ihm die Serviette hin. Chas steht auf, sammelt alles Papier zusammen und sagt zu Mommy, er geht jetzt runter in den Laden. Zu Willy sagt er, dass er mitkommen soll, und für einen Moment bekommt Willy Angst, dennoch, er steht auf und geht mit. Auf der Treppe erkundigt sich Chas nach Willys Gesicht. Das ist wieder okay, meint Willy. Und Chas fängt davon an, wie leid es ihm tut, dass er es nicht so gemeint hat, er hat eben kurz die Beherrschung verloren, und er fragt, ob Willy ihm jemals verzeihen kann. Willy sagt, schon vergessen, und Chas legt ihm die Hand auf die Schulter, als könnte er Willy gut leiden, doch der fühlt nur diesen inneren Schauer, denn Chas ist wie Dynamit mit brennender Lunte. Im Laden kauft Chas zwei Päckchen Camel und einen Sechserpack Bier. Auf dem Rückweg sagt Chas, das Bier ist für ihn, für Willy. Als sie an der Vordertreppe sind, bittet Chas ihn um einen Gefallen. Mommy und er werden ein paar Tage weg sein und ob Willy versprechen kann, auf Susie aufzupassen, aufzupassen, dass sie im Zimmer bleibt. Willy möchte wissen, wohin sie wollen, aber Chas blafft zurück, dass ihn das einen Feuchten angeht. Dann kriegt er sich wieder ein und erzählt, dass sie vorhaben, seinen

Bruder in Newark zu besuchen. Auf der Treppe hofft Willy auf eine Begegnung mit Betty McBain, um zu sehen, wie Chas mit ihr umgeht. Doch dazu kommt es nicht. Mommy und Chas sind richtig überdreht, schwirren umher, als sie ihre Klamotten in Papiertüten stopfen. Susie verfolgt alles vom Fensterbrett aus. Mommy sagt, sie sollen artig sein und am Mittwoch sind Chas und sie wieder da. Als Susie fragt, wohin sie gehen, sagt Mommy: weg. Chas drückt Willy zehn Dollar in die Hand und meint, aber nicht alles auf einmal verprassen, und wenn er mehr braucht, soll er was auf der Straße abgreifen. Die beiden verschwinden, und zum ersten Mal seit einer Woche sieht Susie ihren Bruder an. Sie fragt, was sie jetzt machen sollen, aber Willy antwortet, er kann sie nicht sehen, weil sie unsichtbar ist. Sie hält eine Hand vor ihr Gesicht und sagt, nein, ist sie nicht mehr, doch er erwidert, sie soll ruhig mal mitbekommen, wie das ist.

Doch dann zieht er sein Hemd hoch, legt sich aufs Bett und Susie kommt zu ihm, malt Bilder auf seinen Rücken und Willy versucht zu erraten, was sie darstellen. Später nimmt er sie mit hinaus auf die Vordertreppe, und als sie Hunger bekommt, kauft er ihr einen Schokoriegel. Sizemore zündet einen Joint an und bläst Susie den Rauch ins Gesicht, dann reicht er ihn weiter an Willy, der das Gleiche macht. Susie atmet tief ein und sagt, es riecht wie verbranntes Fleisch. Sizemore fragt, ob Willy irgendwie Geld hat, um was zu besorgen. Susie wirft ihnen einen Blick zu, hält aber die Klappe. Der Mond hat sich in Wolken gehüllt und es ist ganz still, als Willy, Sizemore und Rappin' Dave die Nacht an sich vorüberziehen lassen. Susie ist auf den kalten Stufen eingenickt. Willy glaubt, ein UFO gesehen zu haben. Dann bemerkt er, wie Rappin' Dave seine Schwester anstarrt, und das gefällt ihm nicht, also stößt er sie an, damit sie aufwacht, und bringt sie nach oben. An der Zimmertür verkündet sie, dass sie noch nie so lange aufgeblieben ist. Willy versucht, im Bett zu schlafen, aber es ist derart weich, dass er wieder seinen Platz auf dem Boden einnimmt. Ziemlich früh am Morgen weckt eine hellwache Susie ihn auf, weil, wie sie meint, ihr Bauch mit ihr redet. Willy setzt sich auf, reibt sich das Gesicht und sieht, wie Susie Stückchen der abblätternden Farbe von der Wand zupft und aus dem Fenster wirft. Er zieht los und kommt zurück mit zwei Butterbagels und einem halben Liter Kakao. Alles in allem sieht es ganz gut aus für sie, denn ihnen bleiben noch sieben Dollar und zehn Cent.

Letzte Nacht hat es Melody erwischt, und nachdem sie ins Krankenhaus gebracht wurde, hat man ihre Mutter festgenommen. Rappin' Dave berichtet, jemand hat Melody rund um die Titten mit einem Messer bearbeitet, doch es hat schlimmer ausgesehen, als es gewesen ist, und der Typ, der es getan hat, ist mit blutverschmiertem Beifahrersitz davongefahren, aber Melodys Mutter hat sich die Autonummer gemerkt und sie den Bullen gegeben. Die Sache fährt Willy in alle Glieder, er fängt an zu zittern und seine Beine fühlen sich an wie Gelee; es will ihm nicht in den Kopf, wie jemand der armen Melody so etwas antun kann. Den ganzen Tag harrt er auf der Vordertreppe aus, doch Melody taucht nicht auf. Niemand weiß, ob sie noch im Krankenhaus ist oder bereits bei ihrer Mutter im Gefängnis.

Als die Sonne untergeht, lässt sich Betty McBain blicken. Immer wenn sie Willy ansieht, lächelt sie so merkwürdig. Sie meint, er soll sich keine Gedanken machen, die haben Melody nach Kanaan gebracht, um sie fernzuhalten von ihrer Mutter und dem ganzen perversen Gesocks. Dort bringt man sie weg von den Drogen und hin zu Gott, und irgendwann wird sie eine Scheintote sein. Für Willy hört sich das gar nicht gut an und er löchert Betty, fragt, wo Kanaan ist und wie man dorthin gelangt. Betty sagt, er soll am Hafen einen Bus nehmen. Sie macht einen auf ernst, verkneift sich dabei ein Grinsen, und je mehr Willy ihr das Ganze abkauft, desto melodramatischer schmückt sie es aus. Sie ist dabei gewesen, sagt sie, als es passiert ist. Melody hat seinen Namen gerufen, hat gesagt, wie sehr sie ihn jetzt braucht, wo er denn nur steckt und warum er ihr nicht beisteht. Betty gibt ihm den Tipp, sich das Fahrgeld zusammenzuschnorren, und als Willy fragt, wie viel, sagt sie, so um die dreißig Dollar. Willy beschließt, Susie einzusetzen, genau wie Mommy und Chas das immer machen. Mit dem herzzerreißenden Ausdruck in ihrem kleinen Gesicht haben sie das Geld wahrscheinlich binnen einer Stunde in der Tasche. Als Susie wissen will, warum sie das machen, sagt Willy, um einer Freundin zu helfen. Ein Streifenwagen verlangsamt das Tempo; die Gesichter der Bullen gefallen Willy ganz und gar nicht, also schnappt er sich Susie und macht sich mit ihr davon. Zwar hat er gerade mal zwanzig Kröten zusammen, aber er wird es nicht länger hinausschieben, er muss schnellstens dorthin und Melody befreien, bevor etwas passiert. Vielleicht können sie untertauchen, heiraten, sich ihre Hirne rösten und bis an ihr Lebensende zusammen sein. Als Erstes jedoch musste er sich von Susie trennen. Auf dem Weg zurück zum Hotel hält er sie bei der Hand. Mit hängendem Kopf, mit immer kleiner werdenden

Schritten klammert sie sich regelrecht an seine, und Willy hofft, dass Susie sich nicht irgendwie querstellen wird. Am Laden macht er Halt, kauft zwei Hersheys für sie und ein KitKat, fragt, ob sie noch etwas möchte, und sie sagt, ja, sie hätte gern Kartoffelchips. Die geöffnete Chipstüte in der Hand, geht sie jetzt ganz manierlich, folgt Willy, der ihr ständig zwei Schritte voraus ist. Von Betty McBain keine Spur, als sie wieder am Hotel sind. Willy hat noch ein paar Fragen an sie und so geht er hoch in den Flur des obersten Stockwerkes, aber auch dort steckt sie nicht. Er bringt Susie ins Zimmer, macht sich daran, einen Haufen in der Ecke zu durchwühlen und seine gesamte Habe einzusammeln: ein Hemd, eine Jacke und einen roten Radiergummi in Form eines Totenkopfes. Susie sitzt derweil auf dem Bett und verfolgt das Ganze. Er holt das Geld hervor und zählt zehn Dollar ab. Wird er eben so weit fahren, wie ihn siebzehn Dollar bringen, und an der Haltestelle wieder schnorren. Der Anblick von Susie mit ihrem kläglichen, kleinen Gesicht drüben auf dem Bett zerreißt ihm schier die Eingeweide. Sie weint und bettelt, er soll bleiben oder sie wenigstens mitnehmen, und so sehr er sich auch bemüht, es ihr zu erklären, sie will es nicht verstehen.

Ohne ihn ist sie besser dran, sagt er, denn mit ihm gibt es nur Scherereien, deshalb hasst ihn Mommy so und deshalb steckt er auch immer Prügel ein von Chas. Doch Susie meint, wenn Willy nicht mehr da ist, um Prügel einzustecken, dass Chas dann vielleicht anfängt, sie zu schlagen. Willy sagt, das passiert bestimmt nicht. Daraufhin sagt Susie, dass Chas mächtig wütend sein wird, wenn Willy wieder nach Hause kommt, aber Willy erwidert, dass auch das nicht passieren wird. Sie kann doch

Bilder auf seinen Rücken malen, schlägt sie vor, und als sie sein Hemd hochschieben will, zieht er es wieder nach unten und ermahnt sie, im Zimmer zu bleiben, bis Mommy wieder da ist. Er gibt ihr die zehn Dollar und wischt ihre Wangen mit dem Ärmel seines Hemdes ab. Ein letzter Blick, eine letzte Ermahnung, brav zu sein, dann geht er zur Tür. Er bringt es nicht fertig, sich noch einmal umzudrehen, also dreht er den Türknauf und geht hinaus in den Flur. Verharrt einen Moment. Hört seine Schwester weinen. Dann rast er die Treppen hinunter und weiter zur Bushaltestelle.

GEBRAUCHTWAGEN

Heute gibt's keine Gebrauchtwagen zu kaufen. Ist alles verdammt heiß geworden hier, zu heiß. Iss deine Spaghetti und nimm die Knarre vom Tisch.

EIN GANZ NORMALER TAG

Gestern Abend um neun wurde Kevin Coogan aus Bay Ridge, Brooklyn, in einem Obst- und Gemüseladen auf der 5ten Straße Ost ins Gesicht geschossen, nachdem er den Ladenbesitzer Doo Kim Chang aus der 80sten Straße mit Bier bespritzt hatte. Die Polizei nahm Chang wegen Mordverdachts fest und stellte die nicht registrierte Waffe sicher, eine .45er, die Chang stets im Laden aufbewahrt hatte.

Zwanzig Minuten später schoss man Mitchell Corona aus der Sutter Avenue in Queens dreimal in die Brust, als er sich bei einem Raubüberfall zur Wehr setzte. Schon okay, wenn man ihm seinen Stoff abknöpfen wollte, doch den seiner Frau ... das ging nun mal gar nicht. Als Mitchell im Rinnstein verstarb, warf sie sich auf ihn und flehte ihn an, am Leben zu bleiben.

Kurze Zeit später, gegen zehn, saß Domingo Ferrara auf seiner Vordertreppe in Bushwick, als ein Haufen junger Typen johlend und krakeelend vorbeizog. Als er darum bat, sie mögen leise sein, zog einer aus der Gruppe eine Waffe und schoss ihm in den Bauch. Domingo Ferrara liegt jetzt im Krankenhaus und sie wissen nicht, ob er durchkommen wird.

Eine Stunde später wurde Tommy Clark im Verlaufe eines Streits über die Handelsmenge erschossen, zwei Blocks entfernt von seiner Wohnung im New Yorker Osten.

Um zehn vor zwölf fand man Gary Gaddone auf der Straße vor seinem Haus auf Long Island, wo man ihn einmal in die Brust und einmal in die Kehle geschossen hatte. In seinem Mund steckte eine Socke und niemand wusste, was das verdammt noch mal bedeuten sollte.

Um Viertel nach zwölf wurde Willy Meyers, wohnhaft in der 194sten Straße, auf der 153sten Straße erschossen. Ein Typ war aus einem Cadillac gesprungen und hatte Meyers' Namen gerufen, bevor er elf Kugeln in den Mann pumpte und davonfuhr.

Eine unbekleidete Frau Mitte zwanzig wurde mit durchschnittener Kehle zwischen zwei Mülltcontainern hinter dem Supermarkt an der Amsterdam tot aufgefunden. Niemand wusste, wer sie war oder woher sie stammte, aber einer der Nachbarn meinte, sie sehe aus wie Tina Turner.

Um halb zwei entdeckte die Polizei eine männliche Leiche im Kofferraum eines gestohlenen Autos, das vor

St. Adalbert abgestellt war. Der Kopf steckte in einer Plastiktüte, und als sie entfernt wurde, sah man, dass jemand das Gesicht mit einem stumpfen Gegenstand eingeschlagen hatte.

Kenny Wilson verstarb heute früh in Polizeigewahrsam, nachdem man ihn wegen Entführung der sechsjährigen Tochter seiner Freundin verhaftet hatte. Als er in seiner Zelle auf dem Polizeirevier in der Foster Street randalierte, musste er unter Kontrolle gebracht werden. Zweieinhalb Stunden später starb er im Krankenhaus, ohne dass äußere Anzeichen einer Verletzung sichtbar waren.

Um Viertel vor vier fand man Hector Burris, vierzehn Jahre alt, bei den Tilden Houses. Tod durch Kopfschuss. Obwohl er schon seit einer Woche als vermisst galt, handelte es sich um eine frische Schusswunde.

Zwei Stunden später fand man Farian Phillips erschlagen auf der 105ten Straße Ost. Die Polizei fahndet jetzt nach seinem Bruder Hansa, der außerdem wegen illegalen Waffenbesitzes gesucht wird. Drei Blocks weiter fand man Carolyn Rogers tot in ihrem Auto, vier Schusswunden in der Brust. Diese Sache jedoch legt die Polizei Hansa nicht zur Last.

Um zwanzig nach sechs, gerade mal zehn Minuten, nachdem er seinen Lebensmittelladen geöffnet hatte, wurde Larry Mason zusammen mit seinem neunzehnjährigen Sohn T.J. im Verlaufe eines Raubüberfalls erschossen, dessen Beute vier Dollar betrug. Keiner von beiden hatte sich gewehrt. Man hatte sie erschossen, während sie einfach nur dastanden.

Um sieben nach sieben fand man auf einem Müllhaufen in Jamaica, Queens, eine verstümmelte weibliche

Leiche ohne Kopf. Die Polizei fand Einstichstellen an ihrem Arm. Den Kopf fanden sie bisher nicht.

Um halb elf heute Morgen drang ein bewaffneter Mann in die Wohnung seiner Exfrau ein, erschoss sie und die beiden gemeinsamen Töchter, bevor er sich selbst richtete. Die Polizei erklärte, ein Beschluss des Familiengerichtes sei rechtskräftig geworden.

Um elf Uhr wurde Bobby Crown auf dem Basketballplatz von einem Heckenschützen erschossen, gerade als er ansetzte, einen Korbleger zu versenken. Der Schütze wurde nicht gefasst.

Um zwölf Uhr mittags hielt die ganze kranke Welt einen Wimpernschlag lang inne und fragte sich: Was zum Teufel geht hier ab und was soll der ganze Scheiß und was treibt all diese Leute eigentlich in den Wahnsinn?

Eine Minute nach zwölf starb Sally Pearson im Kreuzfeuer einer bewaffneten Auseinandersetzung zwischen Drogendealern.

Die Homos von der Houston

Marybeth Montell ist stolz auf ihre Attribute. Für einen Mann hat sie einiges vor der Hütte: Hart wie Holz und kühl wie Ton, voll mit weiß der Himmel was, sind sie die Köder für die Falle und sitzt du erst mal drinnen, dann gibt es kein Entrinnen, jeden Versuch, sich zu verpissen, wird Benny mit scharfer Klinge zu verhindern wissen.

Wo in parkenden Autos Köpfe sich im gleichmäßigen Takt auf und ab bewegen, schiebt Marybeth leicht außer Atem den zerknitterten Ärmel hoch.

Zuerst ein Brennen und das Taubheitsgefühl im Arm,

dann aber geht sie hoch, die Ladung, schießt in den Schädel wie ein Römisches Licht. Ein Schuss erster Klasse, Champagner für die Vene, und stets findet Benny die richtige Stelle, weiß genau, wann er abdrücken muss. Sie liebt Benny. Er ist der einzige Mann, bei dem es ihr kommt, der einzige Mann, der ihren Schoko-Boulevard entlanggleiten darf, denn Marybeth ist sauber und hat vor, es zu bleiben. Sie steht an der Ecke in Alphabet Texas mit all den anderen Mädels – samt und sonders aufgetakelte Stricher, einige mit Titten, doch keine mit Marybeth' Talent. Sie ist die Königin. Nachdem sie anfing, Gummis zu benutzen, zogen alle nach. Keine macht es jetzt mehr ohne, es sei denn, ihr Verstand ist zu geschrumpft, um darüber nachdenken zu können. Auch Anti-Pickel-Creme ist ein Verkaufsschlager in der Houston.

Benny sagt dem Typ aus Queens, dass Marybeth jetzt zur Verfügung steht und ihm hinter dem China-Restaurant einen blasen wird, wenn der Preis stimmt. Alles klar, aber ohne Gummi, meint der Typ aus Queens. Doch geschickt streift Marybeth ihm das Ding über, besorgt es ihm, ohne dass er etwas mitbekommt. Ein echtes Talent, diese Marybeth – als Dominick O'Malley einmal vorschlug, sie soll ihm für fünfzig Dollar zeigen, wie es geht, forderte Benny ihn unmissverständlich auf, seiner, Bennys Frau, mit seinem pickeligen Arsch ja nicht zu nahezukommen. Ach, der Benny, dachte sie, will immer nur das Beste für mich. Kein Mädchen könnte es besser treffen.

Vor drei Jahren waren sie einander begegnet, an der Bowery, zwei Häuser entfernt vom Palace Hotel. Das war, bevor Marybeth ihre Titten bekam. Benny wollte

Crack kaufen und Marybeth sich ihren Schuss setzen.
Sie konnte ihre Vene nicht finden und Benny half ihr –
sie verlor das Bewusstsein, er nahm sie mit nach Hause
und brachte sie ins Bett. Sie reagierte mächtig angepisst,
als sie wieder zu sich kam, zeterte, er habe kein Recht
gehabt, sie anzufassen, sie umherzutragen und hierher zu
verschleppen, zwischen ihnen werde sich nichts abspie-
len und er täte gut daran, sie verdammt noch mal jetzt
gehen zu lassen. Er war einverstanden und sie blieb. Für
immer.

Ein Jahr lang schon versuchen sie zu heiraten, doch
niemand will die Trauung vollziehen, nicht einmal der
schwule Priester von St. Elizabeth. Sie tauschten Ringe
aus Draht und sind in ihrer Welt nun Mann und Frau.
Marybeth kocht, putzt und wäscht, hat Freude an der
Hausarbeit und dem ganzen Mist, der normalen Mädels
auf den Zünder geht. Mit dem Geld, das sie heranschafft
und er durch Diebstähle einnimmt, stehen sie sich nichts
aus, und für die Miete ist auch genug da.

Nach dem Abendessen sagt er, wenn sie keine Lust
hat, braucht sie heute nicht mehr rauszugehen. Aber sie
will. Gemeinsam verstauen sie die Reste des Hackbra-
tens, werfen den Salat in den Müll und dann setzt Benny
ihr einen Schuss. Hand in Hand machen sie sich auf zur
Houston. Während Marybeth einen Kunden auf dem
Vordersitz bedient, steht Benny in der Nähe und spielt
mit seinem Messer. Beim Anblick ihres Kopfes hinter
der Autoscheibe, bei der Vorstellung von Stöhnen und
Keuchen, von dem Griff in ihr Haar, fühlt Benny sich
hilflos. Noch immer hat er sich nicht daran gewöhnt.
Könnte er ihr den Stoff nur kaufen ... ach, vergiss es,
Marybeth verballert hundert Dollar am Tag, nie im

Leben könnte er so viel klauen, jedenfalls nicht regelmäßig. Bei dem Gedanken muss selbst er grinsen.

Marybeth steigt aus dem Wagen und wischt sich das Kinn ab. Das erträgt er nicht, er kann sie nicht mal ansehen, also geht er die Straße entlang und ignoriert es völlig, als sie seinen Namen ruft. Bloß weg, denkt er. Er zündet eine Rakete, macht die Augen zu, schwimmt durch die Nacht und fegt die Sterne beiseite. Er sieht alle möglichen Planeten und unten die Erde, und wie gern würde er das mit jemandem teilen, denn ist man allein, hat dergleichen nicht die Bedeutung, also macht er kehrt, um nach Marybeth zu suchen.

Sie lehnt an einer Mauer, und als er sich nähert, dreht sie sich weg. Er fasst sie bei den Schultern, drängt sie, ihn anzusehen, und während seine grünen Augen nur so sprühen, als stünden sie unter Strom, sagt er ihr, dass er sich richtig beschissen gefühlt hat, weil er sie so hat stehen lassen, weil, sie ist das schönste Geschöpf rund um die Houston, und es tut ihm leid.

Er küsst sie und sie lächelt ihn an.

Benny behält sie im Auge, als sie noch drei Jobs durchzieht, dann machen sie sich auf den Weg zu Ridley. Ridley hat Geld und braucht nicht zu arbeiten, also bleibt er zu Hause und veranstaltet seine eigene Modenschau. Benny fällt sofort auf, dass Ridleys Titten doppelt so groß sind wie am Mittwoch. Marybeth fragt, wie es geworden ist, und Ridley kichert und meint: prachtvoll. Voller Stolz holt er sie hervor und fordert Benny auf, mal zu fühlen, doch Marybeth bittet ihn, vorsichtig zu sein, weil sie vermutlich noch recht empfindlich sind.

Benny berührt sie, hebt sie an und drückt vorsichtig die Brustwarzen, die sich anfühlen wie Kiesel. Ridley beugt sich vor, lüftet seinen Rock und präsentiert seinen neuen, gepolsterten Hintern, und Benny langt auch dahin.

In dem riesigen, dunklen Loft brennen Kerzen; Gemälde und Statuen, Teppiche und Vorhänge, Stoffe und allerhand Plunder nehmen jeden Quadratzentimeter Platz ein. Benny setzt den beiden einen Schuss und während Marybeth Ridley in die Geheimnisse des Hurendaseins einweiht, ballert er Raketen ab. Er sieht sich die Knicks im Fernsehen an, obwohl ihm Sport ein Gräuel ist, schlürft Chivas, während die Mädels Ridleys Coming-out-Party planen, jetzt, wo er doch richtige Titten hat. Ridley meint, er muss es seiner Mutter sagen und seinem Bruder und sieht dem mit gemischten Gefühlen entgegen. Egal, wie die beiden reagieren, meint Marybeth, Benny und sie werden immer für ihn da sein. Ridley und Marybeth machen sich an die Einkaufsliste für die Party, und als Ridley fragt, ob er Preludin besorgen soll, antwortet sie: unbedingt, und notiert es. Als sie fertig sind mit der Liste, dreht sich ihr Gespräch um Kunst und Bücher, um Filme und Essen, um Sachen, die Benny nicht mal aussprechen kann, geschweige denn versteht. Marybeth wirft einen Blick hinüber zu dem auf der Couch dösenden Benny und fragt sich, wie um alles in der Welt sie nur an diesen wahrhaftigen Intelligenzbolzen geraten konnte.

Im Radio spielen die Stones »Sympathy for the Devil«, und Marybeth und Ridley springen auf, um zu tanzen. Benny hebt ein wenig die Lider, und als er sieht, dass sie richtig eng tanzen, wird er regelrecht munter, gibt aber keinen Mucks von sich. Es törnt ihn an, aber was ihn echt scharf machen würde: wenn Ridley es mit Marybeth triebe. Aber bei Marybeth ist Lesbenkram nicht drin, was das betrifft, ist sie strikt hetero, also sieht Benny nur zu und träumt.

»Wie findest du Ridleys Titten?«, fragt sie auf dem Weg nach Hause.

»Hab ich doch gesagt.«

»Aber wie findest du sie wirklich?«

»Ich denke, sie sind nicht schlecht.«

»Findest du, dass sie besser sind als meine?«

»Besser als deine was?«

»Titten! Meine Titten. Zum Teufel, worüber reden wir denn?«

»Keine Ahnung.«

»Also, was denkst du? Ich meine, schließlich sind ihre neu und meine schon älter. Sind ihre und meine unterschiedlich weich?«

»Nein, ich meine, ja, doch, deine sind viel weicher und haben auch eine schönere Form. Das weißt du doch. Ich liebe deine Titten.«

Schweigen. Dann fragt er: »Wie siehst du denn das?«

»Ich denke, sie haben das wirklich richtig gut hinbekommen. Inzwischen können sie die Narben viel besser kaschieren. Ihre sieht man nicht mal. Das ist der Punkt. Meinst du, ich soll meine noch mal machen lassen?«

»Ach, komm, Marybeth, nicht schon wieder die Nummer! Deine Titten sind perfekt. Glaub mir, du bist ein tolles Mädchen.«

»Wirklich?«, fragt sie, nicht völlig überzeugt.

»Hör zu, du bist meine Frau, und habe ich mich jemals beschwert? Also vergiss es.«

Marybeth nimmt seine Hand und sie gehen nach Hause. Dort dröhnen sie sich zu, nach allen Regeln der

Kunst. Am nächsten Morgen bekommt er sie nicht wach. Sie liegt da, ihr Atem geht langsam und flach und als er ihre Lider hochzieht, sieht er die verdrehten Augen. Für einen Augenblick befällt ihn panische Angst. Er spritzt ihr kaltes Wasser ins Gesicht, sie schlägt die Augen auf und fragt, auf welchem Planeten sie jetzt ist. Er schreit sie an, welchen Mordsschrecken sie ihm einge-jagt hat, dass er sie eines Tages als Leiche vorfinden wird und wie lange sie ihm diese Scheiße noch zumuten will. Und am Ende tituliert er sie als faule, drogensüchtige Schlampe. Marybeth setzt sich im Bett auf, reibt sich die verquollenen Augen, streift ihren Morgenmantel über und fragt Benny, wie er seine Frühstückseier möchte. Sie geht an ihm vorbei ins Badezimmer und im erbar-mungslosen Licht des Tages fällt ihm auf, wie sehr sie doch aussieht wie ein Mann. Weder die gigantischen Tit-ten noch die schmale Taille, nicht der perfekte Hintern oder die traumhaften Beine, nichts kann vergessen machen, dass etwas nicht stimmt mit ihr. Was auch immer es sein mag, Benny hofft, dass sie es im Badezim-mer wieder hinbekommt. Sie tut es nicht. Sie geht zum Bettrand, sammelt die benutzten Papiertaschentücher ein und wirft sie in den Abfallkorb, beschwert sich darüber, dass Benny die schmutzigen Tücher nie dahin tut, wohin sie gehören. Benny gibt zurück, der Mist ist ihrer, also soll sie sich auch drum kümmern, und Marybeth bezeichnet ihn daraufhin als Vieh. Sie geraten in Streit, werfen sich Ausdrücke an den Kopf und müssen beide anfangen zu lachen.

Sie macht ihm seinen Kaffee und auf beiden Seiten gebratene Spiegeleier, er greift ihr am Esstisch an den Hintern und sie küssen sich, und während Benny die

Bazooka abfeuert, kocht Marybeth ihren Stoff auf. Benny setzt ihr den Schuss, meint, sie muss sich schnellstens eine neue Vene suchen, denn die hier ist so gut wie zu. Sie sackt am Tisch zusammen, ihr Kopf fällt seitlich auf die Tischplatte und in ihrem Mundwinkel zeigen sich die ersten Speichelfäden – dabei stöhnt sie, als hätte sie Sex. Benny feuert noch eine Rakete ab und völlig dicht, wie er jetzt ist, verspürt er einen mörderischen Drang, Marybeth zu ficken, nur ist sie nicht bei Bewusstsein. Wie kann es sein, dass die Drogen so unterschiedlich auf uns wirken?, fragt er sich. Ist er drauf, ist Marybeth ganz unten, ein Wunder, dass sie es überhaupt mal hinkriegen. Doch wenn er sie jetzt so sieht, ist sie das Herrlichste, was ihm je begegnet ist, und er geht hinüber zu ihr, kniet sich vor ihr Gesicht und leckt den Speichel aus ihrem Mundwinkel. Sie streckt die Zunge heraus und er fängt an, daran zu saugen, gleichzeitig streicht er mit der Hand über Marybeth' Oberschenkel. Ihre Lider flattern, als er sie hochhebt und hinüber ins Schlafzimmer trägt. Irgendwie erinnert ihn das an »Vom Winde verweht«. Er legt sie aufs Bett, öffnet ihren Morgenmantel und massiert ihre Titten, streicht dabei über die Narben unterhalb der Hügel. Er leckt ihre Nippel, saugt an ihrem Hals, dann dreht er sie um und dringt in sie ein. Danach säubert er sich, wirft die Tücher in den Korb und legt sich auf die Seite, fährt mit den Fingern durch ihre zarten seidenweichen Locken. Er streicht ihr über die Wange und fühlt die Stoppeln rau wie Sand, denn sie hat sich noch nicht rasiert, und egal wie viele Pillen sie auch nimmt, die Stoppeln wird sie nicht los. Doch solange sie zu ihm gehört, wen juckt es da, dass sie beide Schwänze haben, es ist ein Fehler der Natur, nicht seiner. Mit seiner ersten Frau hat er es auf die Normale probiert und sie hat ihn verarscht, nach Kräften, mit ihren Lügen und ihrem Betrug und mit noch mehr Lügen ... ein Wunder, dass er ihr die verlogenen Augen nicht mit einem Schraubenzieher ausgekratzt hat. Er geht zum Küchenfenster und zündet noch eine Rakete, sieht hinunter auf das Pflaster und fragt sich, wie er sich wohl anfühlt, der Fall. Ist es wie auf Droge und würde man den Aufprall spüren? Benny sieht Marybeth vor sich, wie sie aus dem Haus rennt, beim Anblick seines verrenkten, zerschmetterten Körpers zu weinen beginnt, und dann bei der Beisetzung, sie wirft sich auf den Sarg und schreit: »Benny, bitte bleib bei mir!«, nun, wie viele Männer können schon von sich behaupten, eine solche Frau an ihrer Seite zu haben?

An der Ecke, gegen die Wand gelehnt, steht Benny und beobachtet seine Frau inmitten der anderen. Sie kichern, sie tratschen und Marybeth ist der Mittelpunkt. Jedes Mal, wenn ein Auto anhält, umzingeln sie es förmlich und dann steigt eine ein. Ein Monte Carlo hält an der Ampel, die Scheiben werden heruntergelassen und die Jungs auf der Rückbank beschimpfen Marybeth und ihre Freundinnen, ein Haufen »AIDS-verseuchte Superschwule« zu sein und warum verpissen sie sich nicht auf irgendeine Insel, um einen langsamen, qualvollen Tod zu sterben? Noch bevor die Ampel auf Grün umspringt, rennt Marybeth zu dem Auto, bewirft es mit Flaschen und bedenkt die Jungs mit Flüchen, doch die fahren unter Lachen mit quietschenden Reifen davon. Hätte sie die Möglichkeit gehabt, Marybeth hätte die Bande umgebracht. Benny nimmt sie an die Hand und meint, sie soll mal wieder runterkommen, das da war nur eine

Ansammlung von Arschlöchern aus Jersey, unterwegs in Daddys Auto. Doch es hat sie mächtig mitgenommen. Den Kopf an seiner Schulter, fängt sie an zu weinen, schließlich hat Marybeth bereits zu viele Freunde verloren, und ein Spaß ist das nicht, erst recht nichts, was sie einfach so übergehen wird, und sie wünscht sich, jeder Hetero, der sich an der Schwulen-Seuchen-Hysterie weidet, müsste nur einen Tag lang in dem verwüsteten Körper der armen Florentine leben. Benny bringt sie nach Hause, setzt ihr einen Schuss und zählt ihre Einnahmen – über zweihundert Dollar. Er bringt sie zu Bett, schaltet den Fernseher ein und lässt sich von Reverend Hohlkopf O'Jesus als Sünder bezeichnen.

Als Marybeth wach wird, ist sie allein im Bett und ruft nach Benny, doch es kommt keine Antwort. Außer ihr ist niemand in der Wohnung. Missmutig steht sie auf und geht ins Bad, wirft ihre Pillen ein, rasiert sich anschließend die Beine und am Ende nimmt sie ein Bad unter Zusatz von Badeöl. Sie entscheidet sich für ein blaues, nicht allzu langes, fließendes Frühlingskleid, kämmt ihre braunen Locken und lässt sie über ihre Schultern nach hinten fallen. Nachdem sie das Bett gemacht und die Wohnung aufgeräumt hat, geht sie in die Küche und stellt fest, dass die Geldbüchse leer ist. Ein Blick auf ihre Vorräte und es ist klar, dass es gerade mal für heute langt. Sie nimmt die gläserne Spritze, die Benny gestern Abend benutzt hat, legt sie in einen Topf mit Wasser und Alkohol und wartet, dass es zu kochen beginnt. Sie reinigt ihre Utensilien mit Wattestäbchen und legt sie weg. Zwei Stunden später kommt Benny nach Hause. Er zieht ein Federmäppchen aus Plastik aus der Tasche, wirft es auf den Tisch und heraus fallen drei

Tage Glückseligkeit. Marybeth lächelt. Er kramt sechs nagelneue, noch in Cellophan verpackte Einwegspritzen hervor und Marybeth' Augen werden groß vor Freude. Neue Nadeln sind schwer zu bekommen. Sie ballern sich und ihre Venen dicht, und es hat was zu bedeuten, wenn Benny drückt, das macht er nämlich nicht alle Tage, und er ist der Einzige, mit dem sie eine Pumpe teilt. Sie verbringen den Tag im Bett, betrachten Phantome an der Decke, und als Marybeth ihm einen bläst, ist er fast versucht, sich zu revanchieren. Fast. Denn Benny ist ein Werfer, kein Fänger.

Benny wird von JRs Klopfen geweckt und quält sich aus dem Bett, während Marybeth in ihr Kissen schnarcht. Er lässt JR hinein, bittet ihn, leise zu sein, weil seine Frau schläft, wirft ihm eine Dose Pabst zu und zündet sich eine Rakete an.

JR berichtet von diesem Kasten, den er ausgekundschaftet hat und der voll ist mit allerhand teurem Klimbim: Fernseher und Stereoanlage vom Feinsten, Möbel, Gemälde. Benny gibt zu bedenken, dass man solchen Kram schlecht durchs Fenster transportieren kann, doch JR meint, wenn Leute so was zu Hause horten, haben sie logischerweise auch Geld und Schmuck und weiß der Himmel was noch alles. Seit dem letzten Bruch ist ein Monat vergangen und Benny braucht das Geld, also sagt er ja, wir machen's. JR fragt, ob er mal aufs Klo kann, und obwohl Benny es ihm nicht abschlagen möchte, möchte er es ihm auch nicht gestatten, denn JR stinkt wie eine Kloake.

Als JR im Bad ist, lässt Marybeth sich blicken, sieht Benny an und reißt das Fenster auf. Benny fragt, weshalb sie nicht noch etwas schläft, woraufhin sie ihn fragt, wer

denn, bitte, bei JRs Gestank schlafen kann? Benny
erzählt ihr, dass er heute Abend einen Job durchziehen
wird, und sagt, sie soll zu Hause bleiben, bis er wieder
zurück ist. Als JR aus dem Badezimmer kommt, versprüht Marybeth Lysol; JR wedelt die Duftwolke mit der
Hand weg und setzt sich an den Tisch. Marybeth fragt,
ob er etwas essen möchte, und als JR wissen will, was so
im Angebot ist, öffnet sie den Kühlschrank und zählt
auf: Bier, Essen und Seife. Benny feixt sich eins, doch JR
rafft nicht, wieso.

Als Marybeth JR ein Sandwich macht, ertappt Benny
ihn dabei, wie er verstohlen Marybeth' Hintern betrachtet, während sie in ihrem kurzen, rosa Etwas am Küchen-
tresen hantiert. Anschließend geht sie ins Schlafzimmer,
schließt die Tür hinter sich und Benny und JR sitzen da,
rauchen und planen ihren Coup. Zehn Minuten später
ruft Marybeth Benny zu sich ins Zimmer, wo sie gerade
dabei ist, ihren Stoff aufzukochen. Benny entfernt die
Umhüllung von einer der neuen Spritzen und als er das
brodelnde Zeug sieht, erklärt er, dass es zu viel ist, doch
Marybeth meint, wenn sie den Abend schon allein verbringen muss, dann aber bitte richtig zugedröhnt. Eines
verdammten Tages, flucht Benny vor sich hin, wird er sie
mit einer Überdosis umbringen und er wird schuld sein
und warum kann sie sich nicht am Riemen reißen und
wieder auf Raketen umsteigen? Dennoch, er zieht die
Spritze auf und als Marybeth ihn fragt, wann er geht,
erwidert er: in ein paar Stunden.

»Sei bitte vorsichtig«, sagt sie besorgt.

Und mit einem Blick zu Tür: »Vor allem wegen ihm,
er ist 'n Spinner.«

»Wird schon gutgehen. Das Haus ist leer, die sind

nicht in der Stadt.«

»Gut, aber sei trotzdem vorsichtig.«

»Na klar.«

»Und wenn du noch nicht zurück bist, wenn ich wieder runterkomme, gehe ich zu Ridley, okay? Wir sehen uns dann bei ihm und ich mach dir was zu essen.«

»Und wie kommst du dahin?«

»Zu Fuß.«

»Ich will nicht, dass du abends allein durch die Gegend läufst.«

»Mir passiert nichts.«

»Doch. Es ist gefährlich.«

»Ist es nicht.«

»Für dich schon. Ich will nicht, dass du rausgehst.«

»Dann nehm ich ein Taxi.«

»Nein, du gehst überhaupt nicht.«

»Doch.«

»Warum willst du nicht hier auf mich warten?«

»Weil ich nicht allein zu Hause rumsitzen will. Lieber geh ich arbeiten.«

»Also gut, dann nimm ein Taxi. Aber lass dich nicht von mir dabei erwischen, wie du arbeitest.«

»Das wird nicht passieren ... Daddy.« Sie grinst ihn an und er drückt sie spielerisch hinunter aufs Bett, hebt ihren linken Fuß hoch und spreizt die mittleren Zehen auseinander. Er findet eine intakte kleine Vene und hat gleich beim ersten Mal Erfolg. Er zieht einen ganzen Zylinder voll Blut hoch, blickt Marybeth in die Augen und drückt ab wie bei einem Gewehr. Sie verkrallt sich mit den Fingern in der Bettdecke und stöhnt – JR muss denken, sie hätten Sex. Benny legt das Spritzbesteck beiseite, sagt, sie soll ja brav sein und küsst sie, und als er von der Schlafzimmertür aus zu ihr hinübersieht, funkeln ihre Augen wie Kristalle.

Ridley ist konfus, kann sich nicht entscheiden, welchen Namen er annehmen soll, denn jetzt, da sein Coming-out ansteht, braucht er einen anderen. Während Benny einen Riesenteller Lasagne in sich hineinstopft, geht Marybeth mit Ridley Namen durch. Sie ziehen Bücher zurate und Filme, werfen mit Dutzenden klangvoller Namen aus der Geschichte um sich, und Benny will es nicht in den Kopf, wie sie sich den ganzen Scheiß merken können. Er bekommt von Ridley eine achtel Unze zum Aufkochen mit Äther und wegen der Kerzen überall geht er dafür ins Badezimmer. Sie ballern ohne Erbarmen, finden immer neue Namen, bis Benny plötzlich meint, wie wär's mit »Gabrielle«? Ridley sieht Marybeth an, die kurz überlegt, dann zustimmend nickt. Und so wird aus Ridley Gabrielle. Marybeth will wissen, wie Benny auf den Namen gekommen ist, und er antwortet, einfach so, weil er nicht eingestehen möchte, dass er ihn auf der Rückseite eines Busses gelesen hat. Ridley stolziert in einem französischen Kleid umher, während Marybeth verkündet, dass auf Laufsteg 15 Gabrielle die neueste Frühjahrsmode präsentiert. Benny sitzt da, lächelt und fühlt sich, als beobachtete er zwei Teenager auf einer Pyjamaparty. Marybeth sieht ihn an, ihre Augen funkeln im warmen Schein der Kerzen, und als sich ihre Lippen zu einem Lächeln verziehen, möchte er innerlich vergehen. Er wirft einen schnellen Blick zur Tür und Marybeth nickt unmerklich. Bevor sie verschwinden, verspricht sie, Ridley eine Verabredung für die Party zu verschaffen, einen ihrer Kunden, ein Gentleman, sagt sie, überaus nett.

»Wer ist dieser ach so nette Typ?«, will Benny auf dem Weg nach Hause wissen. Marybeth sieht ihn an, lächelt verschmitzt, denn es gefällt ihr, wenn er eifersüchtig ist.

»Ach, nur ein Kunde.«

»Ja, ist mit klar. Aber wer? Ich will Namen.«

»Edgar Portman, ein Buchhalter.«

»Kenn ich ihn?«

»Ich glaube nicht, dass man euch miteinander bekannt gemacht hat.«

»Das meine ich nicht.«

»Gesehen hast du ihn sicher schon mal. Er fährt einen Volvo, einen dunkelblauen Kombi.«

»Der Typ?!«, entfährt es Benny. »Der sieht doch aus wie 'ne Schildkröte!«

»Aber nein! Er ist schüchtern, keine Spur von dominant, für Ridley genau der Richtige. Ridley hätte den ganzen Abend die Zügel in der Hand.«

»Klar doch, er müsste Klein-Edgar nur auf seinen Panzer drehen und der kommt dann nicht mehr hoch.«

»Ach, du nun wieder!«

Als Benny und Marybeth am Lebensmittelladen vorbeikommen, stehen da vier Typen, rauchen und trinken. Sie mokieren sich über die beiden, bezeichnen sie als Schwuchteln und Abartige, drohen damit, Marybeth zu vergewaltigen und ihr den Schwanz abzuschneiden. Marybeth klammert sich an Bennys Arm, als direkt hinter ihnen eine Flasche auf dem Pflaster in Stücke geht. Benny will nach seinem Messer greifen, doch Marybeth raunt ihm zu, einfach weiterzugehen, also lässt er es. Sie beschleunigen ihren Schritt, hören, wie Sneakers ihnen folgen, und ohne sich umzusehen, holt Benny sein Messer hervor, lässt es aufspringen. Eine weitere Flasche zersplittert, nur Zentimeter entfernt, und Glaspartikel treffen Marybeth' Beine. Blitzschnell dreht Benny sich um, lässt die Klinge tanzen und brüllt die Verfolger an, bezeichnet sie als verschissene Schlappschwänze. Als sie zum Angriff übergehen, zieht Benny zwei von ihnen das Messer über die Brust und schreit, Marybeth soll wegrennen, doch die hat plötzlich eine Dose Tränengas in der Hand, versprüht es und tritt gleichzeitig um sich, als Benny eine Flasche über den Schädel gezogen bekommt. Jemand zieht eine Waffe, drückt ab und trifft das Fenster eines geparkten Autos. Benny und Marybeth nehmen die Beine in die Hand, rennen um ihr Leben, immer die Straße entlang. Benny zerrt sie in die erstbeste Gasse, weiter über Hinterhöfe und über den Spielplatz, bis sie die Verfolger abgeschüttelt haben. Benny blutet sehr stark und nachdem sie die Wunde mit einem Taschentuch abgetupft und gesehen hat, wie groß sie ist, bringt Marybeth ihn ins Krankenhaus. In der Notaufnahme, unter all den Junkies und Betrunkenen, fühlt sie sich wie ein Wesen von einem anderen Stern. Sie fragt sich, was sie morgens um fünf hier verloren hat, mit einem einfältigen Crackhead, dessen Vorstellung von Zeitvertreib sich darin erschöpft, seinen Verstand zu verdampfen, sich den Bauch vollzuschlagen und zu beobachten, wie die Farbe von der Decke blättert. Eines Tages wird er mit seinem ungezügelten Temperament dafür sorgen, dass sie umgebracht wird. Auf dem Fußboden würgt sich ein betrunkener Widerling zu Bewusstsein und als sein Blick auf Marybeth fällt, ruft er nach einem Chirurgen. Benny kommt zurück mit bandagiertem Kopf und siebzehn Stichen. Als sie sich anschicken zu gehen, brüllt ihnen der betrunkene Widerling hinterher, sie sollen beide zurück in den Zirkus marschieren, und alle lachen, auch die Krankenschwestern. Marybeth will ein Taxi anhalten, doch Benny meint, er möchte lieber zu Fuß gehen, also machen sie sich schweigend auf den Weg.

»Es tut mir leid«, sagt er.

»Dich haben sie genäht«, erwidert sie, ohne ihn anzusehen.

»Es tut mir leid wegen heute Abend. Und wegen morgen. Und wegen der ganzen beschissenen Welt. Und ich denke, es tut mir leid, dass du an mich geraten bist.«

Sie sieht ihn an, und jetzt ist es an ihm, wegzuschauen.

»Ich weiß, was ich für einer bin, Marybeth. Glaub nicht mal im Traum, dass ich es nicht wüsste. Wenn ich höre, worüber ihr euch unterhaltet, Ridley und du, selbst einige Mädels und du, die Sachen, über die ihr euch unterhalten könnt ... mir ist klar, dass du dir mit mir vorkommen musst wie in einem Kindergarten. Manchmal sehe ich in den Spiegel und frage mich, was du an mir findest. Ich weiß, dass es dir genauso geht. Und ich warte auf den Tag, wo dir jemand anders begegnet, denn das wird passieren, irgendwann. Also mach dir keine Gedanken, weil, wenn du meinst, dass es vorbei ist mit uns ... «, er stockt und sieht hinunter auf seine Füße. Dann bemerkt er, dass niemand neben ihm ist, bleibt stehen und dreht sich um. Und dann steht da Marybeth und sieht ihn an.

In diesem Augenblick wird ihr womöglich klar, dass Benny auf seine Weise richtig klug ist. Was ihm an Bildung fehlt, macht er mit dem Herzen wett. Denn im Grunde liebt er sie, und egal, was sie ist, Mann, Frau oder außerirdisches Wesen, er liebt sie gerade deswegen. Wie viele Frauen können schon von sich behaupten, einen solchen Mann an ihrer Seite zu haben? Sie umarmt ihn heftig, und als er fragt, warum sie weint, sagt sie, ach, halt die Klappe. Sie nimmt seine Hand, und sie gehen nach Hause, während die Sonne über dem Wasser aufgeht.

Sie ist schon seit Stunden im Bad und Benny verliert allmählich die Geduld. Als die Tür endlich aufgeht und Marybeth herauskommt, stockt ihm fast der Atem bei ihrem Anblick. Das kurze, mit Blumen gemusterte schwarze Kleid, ihr voluminöses Haar, das ihre Schultern bedeckt wie ein Umhang, ihre blutrot geschminkten Lippen, die getuschten Wimpern und der Eyeliner, Rouge und Parfüm machen aus ihr eine heiße, geile Schlampe, die er umgehend flachlegen muss. Sie richtet seinen Kragen und als er Anstalten macht, sie zu küssen, hält sie ihn an, sich vorzusehen wegen ihres Make-ups. Sie nimmt einen Seidenschal, wickelt ihn zu einer Art Turban um Bennys Kopf, und als Benny anmerkt, dass er kein Terrorist ist, erwidert sie, das Ding kaschiert den Verband und lass es jetzt drum. Er verabreicht ihr eine halbe Dosis, und anschließend gehen sie los.

Die Party ist in vollem Gange; alles redet, raucht, ist am Saufen, und Marybeth hält das Ganze am Laufen. Als Edgar erscheint, schmalbrüstig und zart, in kleinem, engem Anzug, mit Fliege und randloser Brille, macht Marybeth ihn mit Gabrielle bekannt und überlässt die beiden sich selbst. Alle von der Houston sind gekommen: Jackie, Toni, April und Sharon scharen sich um die Wasserpfeife, Carlis Freund Raymond knallt sich mit Benny in der Küche zu. Marybeth geht hinein, um Crème fraîche zu holen, und Benny fragt, wie sie drauf ist, und meint, wenn sie einen Druck braucht, soll sie

Bescheid sagen, sie können es im Bad erledigen. Gabrielle kommt hereingestolpert, erklärt, dass Edgar ihr richtig gut gefällt, und will wissen, ob noch irgendwo Champagner ist. JR streift durch die Räume, bleibt an jeder Platte mit Essbarem stehen, um etwas einzupieken. Als Marybeth mit einer Platte Pilze auftaucht, stürzt er sich darauf wie ein Verhungernder, und trotz Dutzender brennender Duftkerzen nimmt Marybeth seinen Geruch wahr, drückt ihm die Platte in die Hand, geht und öffnet ein Fenster. Janet J. besingt Diamanten und die Liebe, die es nicht umsonst gibt, Rosine dreht es lauter und alle fangen an zu tanzen. Benny sitzt in der Ecke mit einem Steifen. Er bemerkt, dass Edgar sich offensichtlich gut amüsiert. Marybeth bewegt sich tanzend durch die Menge und auf Benny zu, und als sie ihren Mann mit einer Beule in der Hose sieht, sagt sie, er soll das Ding wegpacken, und stupst es sanft mit den Fingerspitzen an. Ihnen gegenüber streiten sich Domino und Bela, ob subkutan besser ist als intramuskulär oder intravenös, und als sie Edgar nach seiner Meinung fragen, hat er keine. Carmine aus Kuba setzt sich neben Benny, und nachdem er sein Budweiser in einem Zug geleert hat, fragt er Benny, ob er jemals so viele Schwule auf einen Haufen gesehen hat. Benny weiß darauf nichts zu antworten. Carmine verlegt sich jetzt auf Ausführungen darüber, dass Benny und er keine echten Schwulen sind, schließlich unterscheiden sich ihre Frauen nicht von richtigen Frauen, mit ihrer Kleidung und der weichen Haut und den tollen Körpern, und wenn Rachel im Sommer ihre Operation hat, dann wird sie die Frau sein, die sie innerlich längst ist. Benny entgegnet, dass die Liebe keinen Unterschied kennt. Doch Carmine sagt, er hasst Schwuchteln und er ist nur hier, weil die Frau, die er liebt, zufällig mit einem Schwanz auf die Welt gekommen ist. Benny erklärt ihm, dass er ein Idiot ist, woraufhin Carmine aufspringt und meint, er dachte bisher, Benny wäre ein Mann, dabei ist er genauso schwul wie alle anderen Tucken. Benny sagt, danke schön, und Carmine fällt nichts mehr dazu ein, also geht er hinaus auf die Feuertreppe. An der Tür zum Schlafzimmer darf Roxanne Ridleys Titten befühlen und als sie die mit ihren eigenen vergleicht, schauen beide hinüber zu Wanda, die noch immer Ausgestopftes trägt. Dana, Layla und Rosemarie sitzen auf der Couch, und alle drei zusammen haben kaum die Ausmaße eines erwachsenen Menschen, dabei waren Layla und Rose-marie einmal richtig fett. Sie nippen an ihrem Saft und jeder begegnet ihnen höflich, wenn auch ein wenig zu aufgesetzt. Benny fragt sich, ob sie alle so enden werden, und vielleicht ist es wie damals bei der Pest und es gibt kein Entkommen, schließlich wissen sie nicht mal genau, was es ist und wie man es aufhält, alle stochern im Dunkeln und solange sie überzeugt sind, es nicht zu bekommen, gibt es auch keine Eile.

Elton singt über kleine Tänzer, und durch die Menge hindurch greift Marybeth nach Bennys Hand und zieht ihn in die Mitte des Raums, wo sie sich zu ihm umdreht, und dann tanzen sie. Benny spürt ihren Atem an seinem Hals, ihre sanften Küsse und ihre Zunge. Es schnürt ihm fast die Kehle zu und er flüstert, lass uns ins Schlafzimmer gehen. Marybeth schenkt ihm ein betrunkenes Lächeln und sagt, dass er sich in Geduld üben soll. Doch jedes Mal, wenn sie spürt, dass sein Schwanz schlappmacht, fährt sie Benny mit der Zunge über die Wange, und der droht ihr leise, dass er es ihr ordentlich besorgt, wenn sie erst mal zu Hause sind.

Plötzlich ein Schrei und eine Riesenaufregung, alles drängt in den Flur, vor die Tür zum Badezimmer. Marybeth und Benny bahnen sich ihren Weg durch die Ansammlung und da liegt Monique, zu Boden gegangen wie ein Stein, dort, wo sie kurz zuvor noch aufrecht gestanden hat. Marybeth richtet sie an der Wand auf und benetzt ihre Wangen mit kaltem Wasser aus dem Badezimmer, Monique stöhnt und würgt eine Ladung Spucke hoch, öffnet die Augen und fragt, was das Theater hier soll. Alles fängt an zu lachen, auch Ridley, dessen Gelächter jedoch nicht sonderlich überzeugend ist.

Monique kriecht ins Badezimmer, um sich umgehend die Seele aus dem Leib zu kotzen, alle anderen machen dort weiter, wo sie kurz zuvor aufgehört haben. Marybeth zieht Benny ins Badezimmer, damit er ihr einen Druck setzt. Er holt die Utensilien hervor und beobachtet dabei Monique, die in die Kloschüssel reihert. Monique bittet um einen Schuss, bekommt von Marybeth jedoch zu hören, dass sie verrückt ist. Benny bereitet alles vor, zieht allerdings so wenig wie möglich auf, während Marybeth sich auf den Rand der Wanne setzt und ihren Strumpf herunterrollt. Monique erbricht einen weiteren Schwall und meint dann, sie hat noch nie gehört, dass jemand sich in die Zehen fixt. Eine Vene ist eine Vene, erwidert Benny. Marybeth rutscht in die Badewanne, den Fuß in der Luft, und Benny zündet eine Rakete und reicht sie weiter an Monique, die abwechselnd kotzt und inhaliert.

Nachdem um viertel nach vier alle gegangen sind, bringen Marybeth und Benny Ridley ins Bett. Sie werfen einen Blick auf das Chaos ringsum und beschließen, morgen aufzuräumen.

Marybeth hält Ausschau nach einem Taxi, doch Benny stellt klar, dass um diese Zeit kein Taxi zu bekommen ist. Er geht los, doch Marybeth bleibt stehen. Er dreht sich um, sagt, nun komm, gehen wir, aber sie erwidert, heute Nacht steht ihr nicht der Sinn danach, erschossen zu werden. Er brüllt, dass er nichts dafür konnte und sie nur beschützen wollte, doch sie meint, wenn er sie tatsächlich beschützen will, dann soll er ihr eine kugelsichere Weste kaufen. Benny beschimpft sie als verfluchte Schlampe, woraufhin Marybeth sagt, dass sie die U-Bahn nimmt. Sie dreht sich um, geht los und lässt Benny stehen, der ihr nachsieht und den Wunsch verspürt, ihr richtig eine einzuschenken. Sie ist noch nicht mal auf dem halben Weg zur Ecke, als Benny sich in Bewegung setzt und ihr hinterherläuft. Gemeinsam gehen sie die Treppe zur U-Bahn hinunter. Bevor sie an der Schranke sind, holt Marybeth zwei Chips aus der Handtasche und gibt Benny einen davon. Sie dreht sich um und sieht, wie sich Benny mit einem Grinsen über das Drehkreuz schwingt, denn er weiß, wie sehr sie das hasst. Sie schlendern zum Ende des Bahnsteigs.

»Ich habe mich heute Abend sehr wundern müssen über Edgar«, sagt sie unvermittelt. »Das war nicht richtig.«

»Wie? Was war denn falsch?«

»Er war Rid... Gabrielles Verabredung, er hätte bei ihr bleiben sollen.«

»Na ja, sie hätte sich nicht ins Koma bringen sollen. Dafür kann Edgar doch nichts.«

»Wie auch immer, er hatte kein Recht, mit Dooli rumzumachen.«

»Ich finde, wenn deine Verabredung sich zudröhnt und ins Koma fällt, hast du alles Recht der Welt, jede

Schlampe zu ficken, die noch bei Bewusstsein ist.«

»Das ist primitiv, und du bist ein Vieh! Überhaupt, immer stellst du dich auf die Seite des Mannes.«

»Logo, ich bin ja auch einer.«

»Ein richtiger Mann hat's nicht nötig, die Handlungen eines Arschlochs zu rechtfertigen!«

»Nun, wenn Ridley so scharf auf Edgar gewesen ist, hätte er sich nicht so zudröhnen dürfen ... nur meine Meinung.«

»Und sie heißt jetzt Gabrielle, gewöhn dich endlich daran, sie so zu nennen.«

»Sich daran zu gewöhnen, wird schwer. Er sieht immer noch aus wie ein Kerl, trotz der Titten und dem ganzen – «

»Das ist nicht der Punkt, sie ist unsere Freundin und braucht unsere Unterstützung.«

»Gerade eben hast du beinahe auch Ridley gesagt.«

»Ach, hör schon auf! Ich hab mich nur versprochen.« Sie bleiben mitten auf dem Bahnsteig stehen und ihnen fällt auf, dass niemand sonst zu sehen ist. Beim Anblick ihres müden Gesichts mit dem verschmierten Make-up will Benny ihr irgendwie wehtun. Er muss.

»Glaubst du, Edgar hat Dooli vorhin gefickt?«, fragt er kalt. »Sie waren ziemlich lange in der Küche und die Tür war zu. Ich glaube, da war sogar ein feuchter Fleck auf Edgars Hose. Wie siehst du das?«

»Ich sehe nur, dass du dich schon wieder aufführst wie ein Vieh.«

»Komm schon, mich interessiert es, ehrlich, ist Edgar mit dem Schildkrötenkopf ein Ficker? ... Hat er dich schon mal gefickt?«

»Was ist nur heute in dich gefahren? Warum benimmst du dich so?«

»Wie?«

»Wie ein Arschloch.«

»Nenn mich nicht Arschloch.«

»Nun, du benimmst dich wie eins.«

»Ich kann dir auch die Fresse polieren wie ein Arschloch.«

»Hör auf, mir zu drohen. Ich begebe mich nicht herab auf dein Niveau.«

»Und was für ein Niveau soll das sein? Wofür hältst du dich? Für zu edel und zu gut? Bildest du dir etwa ein, deine Scheiße stinkt nicht?«

»Wieso machst du das?«

»Mache was? Ich hab dir eine einfache Frage gestellt und du willst nicht antworten.«

»Was für eine Frage?«

»Hat Edgar die Schildkröte dich schon mal gefickt?«

»Darauf antworte ich nicht.«

»Und wieso?«

»Wenn du die Antwort nicht kennst, werde ich sie dir auch nicht verraten.«

»Also hat er. Wahrscheinlich hat er seinen kleinen, dünnen Schwanz mit einer Fliege an der Spitze in dein enges, kleines Arschloch geschoben, bis du geschrien hast, häh?«

»Fick dich!« Sie stürmt davon, bleibt am dritten Pfeiler stehen und sieht in den Tunnel, als die Bahn einfährt. Benny beobachtet, wie sie einsteigt, steigt selbst in den Waggon dahinter und setzt sich. Er sieht sich nicht um, wenn sie so edel und gut ist, bitte schön! Vielleicht steigt ja irgendein Psycho zu, nennt sie eine Schwuchtel und schlitzt ihr die zarte Kehle auf. Bei dieser Vorstellung steht Benny auf, geht in ihren Waggon, setzt sich aber nicht zu ihr. Marybeth wirft ihm einen kurzen Blick zu und schaut dann hinunter auf ihre verschränkten Arme. Ihr gegenüber sitzen zwei verdreckte Gleisarbeiter, die vermutlich eben noch im Tunnel gewesen sind. Benny beobachtet, wie sie leise feixen und sich entsprechende Bemerkungen zuflüstern, während Marybeth dasitzt und so tut, als bekäme sie es nicht mit. Benny verharrt einige Minuten lang, bis er es nicht mehr aushält. Er steht auf und setzt sich neben Marybeth, scheiß drauf, sollen die Typen ihn für schwul halten. Er legt ihr eine Hand aufs Knie und drückt es sanft. Zwei Stationen weiter erheben sich die beiden Arbeiter von ihren Sitzen, nicht ohne zuvor noch einen Blick auf die beiden Freaks zu werfen, mit denen sie kurzzeitig dieselbe Luft geatmet haben. Der Zug hält, die beiden Arbeiter steigen aus, und kaum dass sich die Türen geschlossen haben, machen sich die beiden ganz ungeniert lustig. Benny und Marybeth schauen nicht hin, sondern starren unverwandt auf den Boden. Als der Zug das nächste Mal langsamer wird, stehen sie an der Tür, und Benny legt Marybeth die Hand auf die Schulter, sagt, sie sieht müde aus, und Marybeth nickt. In der Nähe der Treppe lehnt eine Frau an der Wand. Sie weint herzzerreißend und Benny fragt sich, was einen Menschen derart traurig machen kann. Marybeth drückt seinen Arm, doch Benny sagt, das geht sie beide nichts an, außerdem ist es spät und sie sollten zusehen, dass sie endlich nach Hause kommen, bevor der Berufsverkehr mit seinen Massen einsetzt. Dennoch, Marybeth geht zu der Frau und legt ihr die Hand auf den Rücken. Die Frau reagiert zunächst erschrocken. Marybeth spricht mit ihr, sagt, dass sie überhaupt nichts will, sie auch nicht belästigen möchte, dass es in Ordnung ist, wenn man weint und den Schmerz herauslässt, aber dass sie das nicht an einer kalten Steinmauer machen muss. Sie breitet ihre Arme aus und die Frau bricht in diesen Armen zusammen, ein schluchzendes Häufchen Elend. Marybeth hält sie, fährt ihr übers Haar und streichelt ihr den Rücken. Die Frau klammert sich fest, als ginge es um ihr Leben, und Benny steht dabei am Pfeiler und beobachtet, wie diese Wildfremde sich bei seiner Frau ausweint, als wären sie Schwestern. In Benny beginnt es zu lodern, er spürt einen Kloß im Hals. Er dankt dem Himmel und der Erde und dem Mond und den Sternen und dem Allmächtigen, diesem verdammten Gott, dass sie ihn in diesen stinkenden, dreckigen Tunnel gelotst haben, mit all dem Lärm und Verbrechen, mit all der Pisse und dem Müll, und mittendrin Marybeth, um ihm, Benny, beizustehen. Er fragt sich, wo die Gleisarbeiter sind und die Schwulenhasser, die Jungs aus Jersey und jedes einzelne Arschloch, das sie jemals als Schwuchtel beschimpft hat, als Tunte oder Perverser, das sie abstechen oder erschießen wollte, denn wären sie jetzt alle hier, würden sie vielleicht begreifen, dass Schwänze und Mösen keine Bedeutung haben. Und wer weiß, gäbe es auf dieser verdammten Welt mehr Freaks wie Marybeth, wäre das Leben womöglich weniger beschissen.

Ridleys Mutter ist alles andere als erbaut, dass ihr Sohn eine Frau ist. Sie tobt, nennt ihn einen geistesgestörten Perversen, gibt seinen Freunden die Schuld und verlangt, dass seine Titten wieder verschwinden. Unter Tränen sagt Ridley, dass es dafür ein wenig zu spät ist. Sie kündigt an, ihm den Geldhahn abzudrehen, sagt, er gehört nicht mehr zur Familie und hat sein Recht verwirkt, bei ihnen anzurufen oder sonst wie Kontakt aufzunehmen – für sie ist er bei einem tragischen Unfall ums Leben gekommen. Der Unfall, schreit Ridley, hat sich bereits bei seiner Geburt ereignet, und seine Mutter schreit zurück, dass sie sich nicht die Verantwortung für seine krankhafte sexuelle Orientierungslosigkeit zuschieben lässt, wo doch ihr ganzes Leben nur bestimmt war von dem Versuch, etwas Normales aus ihm zu machen, er aber hat ihr niemals ein Chance gegeben. Wenn er unbedingt ein Mädchen sein will, dann soll er sich zügigst einen reichen Ehemann angeln, denn es gibt nichts Schlimmeres als einen mittellosen Versager im Fummel. Sie fegt aus der Wohnung und hinunter auf die Straße, wo Wembley wartet, ihr Chauffeur in grauer Uniform und mit Pagenmütze, der ihr – wären da nicht Frau und Kinder zu ernähren – sagen würde, dass sie sich verpissen und ins Gras beißen soll. So aber hält er ihr die Tür auf, während sie geschmeidig durchs Leben gleitet.

Auf der Straße herrscht heute Hochbetrieb. Bereits zweimal haben die Bullen sie verwarnt, sie sollen den Verkehr nicht behindern. An eine Hauswand gelehnt, ein Bier in der Hand, verfolgt Benny das Treiben, denn Marybeth sieht verdammt scharf aus in ihrem engen, roten Mini und den schwarzen Stöckelschuhen. Violet hält sich abseits, fühlt sich ausgegrenzt, denn sie weiß, sie dürfte überhaupt nicht hier sein, doch solange sie Kondome benutzt, wird niemand sie auffordern, nach Hause zu gehen. Lenny aus Seaside trägt seine Wunden und Schwellungen zur Schau, die er sich bei dem Überfall auf Gracies Club zugezogen hat. Er spaziert an den

Mädels vorbei, erzählt ihnen, dass Charlie wieder auf die Beine kommt und die Bullen die Typen geschnappt haben, die dann lachend und feixend ihre neuen Ghost-buster-Frisuren in den Nachrichten präsentiert haben. Das Lachen wird ihnen schon noch vergehen, meint er, wenn sie erst mal nach Rikers Island kommen, werden sie spüren, was es heißt, attackiert zu werden. In einer Seitengasse feuert Benny seine Bazooka ab und geht anschließend zurück auf die Straße, sein Blick fällt auf ein benutztes Kondom im Rinnstein, darauf der Abdruck von Lippenstift. Er kickt es weg. Marybeth kommt, zieht Benny am Arm fort und bringt ihn nach Hause.

Ridley ist mächtig angepiekt, was Marybeth und Benny betrifft. Er sagt, sie sind nur Schönwetterfreunde und wollen nichts mehr mit ihm zu tun haben, jetzt, wo er blank ist. Marybeth kontert, dass ihm wohl jemand ins Gehirn geschissen hat, sie mussten arbeiten und das ist der einzige Grund, weshalb sie nicht vorbeigekommen sind. Und Benny erwähnt die Male, als sie ihn bei Regen besucht haben; da sieht Ridley Marybeth an und fängt an zu lachen, doch Benny versteht nicht, warum.

Später knallen sie sich zu, und soweit Benny sich erinnern kann, ist es das erste Mal, dass Ridleys Vorrat an Drogen nicht größer ist als ihrer. Tatsache ist, er hat gar keinen. Ridley spricht davon, dass er weder ein noch aus weiß, sein Leben ist ruiniert und es hat keinen Zweck, weiterzuleben, und als Marybeth sagt, er soll sich mal wieder einkriegen, blafft Ridley zurück, dass es ganz schön boshaft ist von ihr, so etwas zu sagen. Willkom-men in der Wirklichkeit, erwidert Marybeth, so müssen die meisten leben und es lohnt nicht, sich deswegen umzubringen. Doch Ridley flennt und schluchzt, dass er sich seinen Psychiater nicht mehr leisten kann und ohne das Okay eines Arztes kann er sich die Geschlechtsumwandlung abschminken, abgesehen davon, die Operation kann er sowieso nicht mehr bezahlen. Marybeth setzt sich neben ihn, meint, er soll sich jetzt erst einmal beruhigen. Ridley fängt an zu lamentieren, faselt über Zeit und Raum und Dimensionen, sagt, dass Gott nicht existiert, und wenn doch, dann zeigt er einen jämmerlichen Sinn für Humor, denn was für ein Witz soll das sein, Frauen wie Männer auszustatten. Sie spielen Schach, aber die Partie muss im Halbstundentakt unterbrochen werden, immer dann, wenn Ridley von einem Weinkrampf geschüttelt wird und Marybeth ihn in die Arme nehmen und trösten muss.

Einige Abende später steckt Ridley in Jeans und weitem Hemd – er ist unrasiert, und als Marybeth fragt, was los ist, erzählt er, dass seine Mutter da gewesen ist und sie sich ausgesprochen haben, lange und richtig gut, und sie sind zu einer Übereinkunft gelangt: Wenn er sich bereit erkläre, einen anderen Psychiater zu konsultieren (den seiner Mutter) und Schluss mache, mit den Veränderungen an seinem Körper, wenn er sich fortan nicht mehr wie eine Tunte kleide – also wenn er sich bemühe, normal zu sein –, werde alles wieder so wie vorher und er sei wieder reich. Marybeth fragt, was ist mit deinen Brüsten?, und Ridley erklärt, die lässt er sich entfernen, schließlich kann er es sich nicht mehr leisten, eine Frau zu sein. Außerdem eröffnet er Marybeth und Benny, dass er sie beide nicht mehr treffen kann, denn der erste Schritt zur Heilung besteht darin, die Vergangenheit hinter sich zu lassen und ganz neu anzufangen. Marybeth fragt verärgert, wer ist denn jetzt der Schönwetterfreund, und Ridley keift zurück, sie waren sowieso nie seine Freunde, sondern sind nur scharf auf sein Geld. Marybeth wirft ihm vor, zur schlimmsten Sorte Tunten überhaupt zu gehören, weil er nicht mal dazu steht, wie es wirklich in ihm aussieht. Als Ridley sie bittet zu gehen, vermag Marybeth nicht sagen, was überwiegt, ihre Traurigkeit oder ihre Wut. Draußen nimmt Benny ihre Hand und sagt, was soll's, Ridley ist eben eine miese Schwuchtel, doch Marybeth meint, dass er reich sein will, kann sie verstehen, aber nicht, dass er sich so hasserfüllt über sie geäußert hat.

Nur wenig später nimmt Marybeth Edgar wieder im Kreis ihrer Kunden auf, denn nach der Party hatte sie ihn gemieden, ihm aber nie verraten, weshalb.

Benny gefällt die Farbe nicht, die der Stoff beim Aufkochen annimmt. Er sagt, Marybeth soll ihn wegwerfen, doch sie ist der Ansicht, der Stoff ist in Ordnung. Er weist sie auf die schwarzen Punkte hin, wer weiß, meint Benny, womit der verschnitten wurde. Marybeth sagt, der Stoff ist okay und sie nimmt ihn jetzt. Vielleicht probiert sie es mal mit anderem Zeug, schlägt Benny vor, denn immer wenn er ihr einen Druck setzt, kommt er sich vor wie beim russischen Roulette, und eines Tages wird die Kugel für sie im Lauf sein. Marybeth sagt, er soll nicht gleich ein Drama daraus machen. Ja, erwidert Benny daraufhin, ihre Beerdigung, die wird ein echtes Drama werden. Sie hat kaum mehr Punkte zum Spritzen, ihre Zehen sind voller Einstichstellen und wenn ihre Arme nicht bald anfangen zu verheilen, wird er ihr den

Druck unter die Zunge setzen müssen. Er gibt ihr die Dröhnung am Tisch und legt die Spritze beiseite, berührt Marybeth' Wange und küsst sie auf den Mund, und sie schlingt ihre Arme ganz fest um ihn, ihre Zungen finden einander und er schmeckt den süßen Minzgeschmack der Eiscreme, die sie zum Dessert hatten. Sie sackt in seinen Armen zusammen und er trägt sie ins Bett.

Marybeth wacht auf, als es klopft, und taumelt zur Tür. Beim Anblick der beiden jungen Polizisten geben ihre Knie nach. Sie bekommt ihre Stimme unter Kontrolle und fragt: »Was gibt es, Officer?«

Mit einem amüsierten Ausdruck in den Augen fragt einer der beiden, ob hier ein Benny Alvarez wohnt. Für einen Augenblick wird Marybeth schwarz vor Augen. Sie müssten jemanden aus der Familie sprechen, so der Polizist weiter, und als Marybeth erklärt, dass sie die Ehefrau ist, sehen die Polizisten einander an. Der Polizist erklärt, dass Benny bei einem Wohnungseinbruch ange- schossen wurde und im Krankenhaus liegt. Bevor er wei- tersprechen kann, ist Marybeth zur Tür hinaus und will wissen, in welchem Krankenhaus. Wir fahren Sie hin, sagt er. Im Streifenwagen erzählen sie ihr, dass Benny beim Einsteigen durch ein Fenster vom Schwager des Wohnungsbesitzers angeschossen wurde, von Frank dem Exbullen, der auf das Apartment aufpasst. Marybeth erkundigt sich nach JR, und der Polizist auf dem Beifah- rersitz notiert etwas auf seinen Block. Und der Exbulle mit der Waffe, fragt Marybeth, was ist mit dem? Man hat ihn wegen Drogenbesitzes festgenommen, wird ihr gesagt, nachdem man unter der Couch eine Unze Kokain gefunden hat. Und dass er ihren Mann ange- schossen hat, was ist damit?, will Marybeth wissen. Keiner der beiden geht darauf ein. Benny ist mit Handschellen ans Bett gefesselt, und Marybeth schreit, dass ihr Ehemann das Opfer eines Verbrechens ist und man behandelt ihn hier wie ein Vieh, doch die Polizisten setzen ihr auseinander, dass Benny des Einbruchs beschuldigt ist und dass das Gesetz Handschellen vorsieht. Marybeth kontert, dass er verdammt noch mal im Koma liegt und wäre er jemand von Bedeutung oder auch nur Frank der Exbulle, müsste er keine Handschellen tragen. Die Polizisten zucken mit den Schultern, drehen sich um und gehen. Benny hängt an allem möglichen Scheiß, über seinem Bett sind jede Menge Schläuche, Messgeräte und Flaschen. Marybeth setzt sich neben das Bett und hält seine Hand, immer wieder überprüft sie die Handschellen, will sichergehen, dass sie nicht einschneiden. Sie ist kurz davor, den Verband anzuheben, um sich die Wunde anzusehen, doch sie lässt es, sitzt einfach nur da, weint leise vor sich hin. Die Ärzte wissen nicht, wann er wieder aufwacht und in welchem Zustand er sein wird. Man kann nur abwarten. Marybeth ruft Ridley an, niemand sonst fällt ihr ein, den sie informieren, der sich interessieren könnte. Als Ridley abnimmt, erklärt er, dass er nicht mit ihr sprechen kann, denn wie sollte er jemals gesund werden, wenn die Vergangenheit ihn ständig verfolgt?

Marybeth knallt den Hörer auf die Gabel.

Sie versucht es bei Bennys Bruder in Washington, aber der Anschluss existiert nicht mehr und eine neue Nummer wird nicht angesagt. Sie weiß nicht, was und wohin, und als die Gier ihr Hirn befällt und das Zittern sie überkommt, überlegt sie, wer ihr einen Druck vorbeibringen könnte, aber da ist niemand, dem sie trauen kann. Dann taucht eine Krankenschwester auf, mit einem Tablett voller Pillen, und Marybeth hält es nicht mehr aus. Sie geht nach Hause, drückt eine halbe Dosis und ist dann wieder im Krankenhaus. Im Fahrstuhl fixieren sie ein Mann und seine Frau im Spiegel, der oben in der Ecke angebracht ist, und als sie ihr Konterfei sieht, die schwarz verschmierten Augen, kann sie es den beiden nicht verdenken.

Benny liegt da wie eine Statue, die Decke bis zum Kinn. Sie sieht ihn nicht einmal atmen. Marybeth verflucht ihn, weil er diesen Job gemacht hat, ohne ihr Wissen, und wo ist eigentlich JR, verdammt noch mal? Der scheint wie vom Erdboden verschluckt. Nachdem Bennys Zustand vier Tage unverändert ist, ordnet ein Arzt an, die Handschellen zu entfernen; ausgeschlossen, erklärt er den Polizisten, dass dieser Mann verschwinden kann. Zweimal drängen die Krankenschwestern darauf, dass Marybeth geht, weil sie keine Angehörige ist, doch sie macht eine Szene und darf bleiben. Sie verlässt ihn nur, um zu arbeiten und Stoff zu besorgen. Anschließend geht es direkt zurück ins Krankenhaus, wo sie sich in der Toilette ihren Druck setzt und dann wieder an Bennys Bett sitzt. Von Tag zu Tag wird er dünner. Sein Gesicht ist eingefallen und gelb, an seinen Armen sind Blutergüsse von den Kanülen und Schläuchen. Und der Geruch und die Geräusche schlagen ihr auf den Magen. Sie hat Krankenhäuser so satt, und ihr kommt es vor, als hätte sie hier jeden Monat Freunde besucht, doch niemand kommt, um Benny zu besuchen. Ein Gefühl der Einsamkeit und Hilflosigkeit stellt sich ein und Marybeth erinnert sich, so hat sie sich gefühlt, bevor sie einander begegneten, und wenn sie ihn jetzt verliert, was soll wer-

den? Und überhaupt, was ist das für eine Welt, in der die
Zustände so elend und die Zeiten, wo man glücklich ist,
so kurz sind verglichen mit den Zeiten, wo man es nicht
ist. Vielleicht hat Ridley recht, denkt sie. Vielleicht gibt
es keinen Gott, denn wenn es ihn gibt, was macht er,
wenn er die ganze Scheiße sieht, die hier unten abgeht?
Und was denkt er sich, wenn er mitbekommt, wie seine
Kinder nur noch Haut und Knochen sind und ihre Lungen zu schwach, um sich mit Luft füllen zu können?
Andererseits, Ridley ist ein Arschloch, also fängt sie an zu
beten, aus ganzem Herzen, fleht Gott an, er möge exis-
tieren. Möge er sie erhören und ihr helfen und auf sie
alle hinuntersehen, traurig und mitleidig, denn sie brauchen ihn jetzt, brauchen ihn so sehr. Als sie laut betet,
kommt eine Krankenschwester herein, um den Tropf zu
überprüfen, und als sie sieht, wie Marybeth den Rosen-
kranz in den Fingern hält, und als sie ihren kalten, feuchten Husten hört, fragt sie sich, ob Marybeth weiß, dass
Bennys Test positiv ausgefallen ist.

DIE WEGE DES HERRN SIND UNERGRÜNDLICH

Georgie hat heute Zeitung gelesen, etwas über seinen
verschollenen Kumpel Sal steht darin. Vielleicht gibt es
doch einen Gott, denkt er sich, vielleicht existiert er
tatsächlich. Denn Sal hatte es verdient, schon lange,
daran besteht kein Zweifel. Alles nur eine Frage der Zeit,
denn sie finden dich, egal, wo du dich verkriechst. Georgie humpelt zum Fenster; sein linkes Bein ist tot wie
Holz und es gibt Tage, da wird ihm immer noch
schwindlig und er pisst sich in die Hosen, einfach so.
Und sein Schwanz hängt schlapp herab wie eine ge-

kochte Nudel – und alles nur dank seinem verschollenen
Freund. Der ist nicht zum Wiedererkennen, ist jedenfalls
nicht mehr der Sal, den Georgie einst kannte. Dem Foto
in der Zeitung nach zu urteilen, hat Sal um die vierzig
Pfund zugelegt, und er trug einen Bart. Er starb mit offenen Augen, was ihn noch unansehnlicher macht. Und
als Georgie von der Zeitung aufsieht und einen Blick aus
dem Fenster wirft, hinunterschaut zu den Mädels und
Huren, zu den Kids, da denkt er sich, tja, vielleicht gibt
es doch einen Gott, vielleicht existiert er tatsächlich.

Sal war ein kleiner Handlanger, hatte mit Gras gedealt
und mit Koks. Aber wenn man für sie arbeitet, mögen
sie es gar nicht, wenn man selbst konsumiert, und so
spielte Sal von Anfang an ein Spiel mit dem Feuer. Er
hing ziemlich am Haken, nachdem er die Tochter von
Lou dem Griechen geschwängert hatte. Als Sal sagte, er
werde sie heiraten, war sie glücklich und Louie ließ ihn
am Leben. Sal hatte Ambitionen. Nur grammweise zu
verticken, war nicht sein Bier, also leierte er seine eigenen Geschäfte an, ließ große Namen fallen und solange
er dazugehörte, trat ihm niemand vors Schienbein. Das
alles entwickelte sich nach der »Georgie-Sache«, lang,
lang ist's her und längst vergessen. Von allen vergessen,
nur nicht von Georgie, denn der muss damit leben, und
wenn er die anderen sieht, wie sie gehen, wie sie laufen,
wie sie Dinge tun, zu denen er einst auch in der Lage
war, wünscht er sich Sals Leiche herbei, um ihr die Eier
abzuschneiden und ins Maul zu stopfen – so, wie Sal
seinerzeit mit dem Homo verfuhr, auf dem öffentlichen
Parkplatz an der Stuyvesant.

Georgie und Sal waren einmal Partner, vertickten Gras
auf Staten Island, dem vergessenen Bezirk. Georgie und

Sal, bei ihnen lief alles rund. So lange, bis Sal gierig wurde und keinen Partner mehr wollte, weil er der Ansicht war, er müsse die ganze Drecksarbeit machen, und wenn jemand unter Druck gesetzt werden sollte, war er es, Sal, der das besorgte. Sal nahm es auch überaus persönlich, als Georgie meinte, er solle kürzertreten mit dem Stoff, denn Sal verkiffte und verballerte die Gewinne, zog sie sich durch die Nase oder schmiss sie den Weibern hinterher, die er ficken wollte. Die Spannung wuchs, die Fronten verhärteten sich und Sal driftete immer mehr ab, drehte durch und war am Ende derart paranoid, dass er niemandem mehr traute. Er glaubte, alle wollten ihm ans Leder, vor allem Georgie. Also heckte Sal einen Plan aus. Eines Abends – Georgie war in Jersey – ging er zu Georgie nach Hause. Sal vergewaltigte Georgies Frau in jedem Zimmer und schoss Fotos, wie sie seinen Schwanz lutschte. Als Georgie nach Hause kam, war sie völlig aufgelöst, weinte und schrie heraus, was sich abgespielt hatte, und als Georgie Jagd auf Sal machte, schoss der ihm in den Rücken, in Notwehr, denn darauf verstand sich Sal bestens. Das rief die Cops auf den Plan, sie legten das Geschäft lahm und das war der Zeitpunkt, als sich die Boys mit den Römernasen einmischten. Es gab ein Treffen, wo sie Sal und Georgie zu verstehen gaben, die Sache runterzukochen, ansonsten könnten sie den Strauß in der Hölle ausfechten. Georgie tobte, ihm sei in den Rücken geschossen und seine Frau vergewaltigt worden, doch Sal behauptete, sie habe es drauf angelegt und er nur das getan, was sie wollte. Die Boys meinten, diese Scheiße interessiere sie nicht, sie interessiere nur, dass Geld fließe. Sie sagten, Georgie solle sich erst mal erholen, und ließen Sal fürs

Erste allein weitermachen, schließlich hatte er was mit der Tochter von Lou dem Griechen am Start und niemand wollte sich mit Lou dem Griechen anlegen.

Zwei Jahre später strich Georgies Frau die Segel. Alle paar Monate war eines dieser Fotos aufgetaucht und jedes Mal brüllte sie los, dass sie das Leben mit einem impotenten Krüppel nicht mehr ertrage, der es zugelassen, der nichts dagegen unternommen habe, dass ein mieser Dreckskerl sie vergewaltigt. Also lebt Georgie jetzt allein in einem Dreckloch von Apartment, humpelt die Treppe hinunter und wieder hinauf, was ihn jedes Mal fünfzehn Minuten kostet.

Georgie legt die Zeitung weg, blickt aus dem Fenster, mit Tränen in den Augen, so glücklich ist er. Er schneidet das Foto aus und klebt es an die Wand. Stundenlang würde er nun darauf starren, die Schusswunden in Sals Leiche studieren und sich ausmalen, er wäre dabei gewesen, als es passiert ist. Er würde sich ausmalen, dass er den Abzug zieht und mit jeder versenkten Ladung Blei sieht er das Blut, die panische Angst und den Moment des Todes in Sals Gesicht. Er sieht das Leben sich zurückziehen aus den Augen, bis sie glasig sind und leer wie die eines Debilen, und er riecht den Pulverdampf, der dahinwabert und Sal mit sich nimmt. Gott, wenn Georgie abspritzen könnte, die Wände wären voll. Er schlägt die Zeitung auf und liest den Artikel ein zweites Mal, nur langsamer, ohne die galoppierende Erregung von vorhin, als seine Finger zitterten und sein Darm sich unwillkürlich entleerte vor Aufregung.

Sal wollte bei den Kilos mitmischen, doch niemand vertraute ihm größere Mengen an, so durchgeknallt, wie er war. Also nahm er sich vor, es in Eigenregie durchzuziehen, scheiß auf alle anderen. Das war sein erster Fehler. Da war das Treffen mit diesem Typ, um ein Geschäft abzuwickeln, doch der Typ beschwerte sich, die Probe sei Mist und für zwei Kilo Mist zahle er nicht. Nun, Sal gefiel das Ganze überhaupt nicht, die Sache stank irgendwie und sein Instinkt befahl ihm zu handeln. Er legte sich eine Strategie zurecht, gab sich cool und sagte für den nächsten Abend besser verschnittene Ware zu. Man traf sich in einer abgelegenen, menschenleeren Straße, Sal stieg zu dem Kerl ins Auto und ließ eine Minute verstreichen, bevor er ihn als echt abgefuckten Nigger-Spitzel bezeichnete, der ihn leimen wolle. Er bedachte den Typ mit zwei Kugeln im Hinterkopf und ließ ihn zusammengesackt über dem Steuer und mit blutdurchtränktem Hemd zurück. Sal sprang aus dem Auto und fuhr mit seinem Wagen davon, direkt in ein Diner, um sich ein paar Eier einzuverleiben. Dieser verdammte Sal, er glaubte tatsächlich, die Boys wären entzückt und würden ihm die Hand schütteln. Doch für Sal sollte die Stunde der Wahrheit noch schlagen.

Sal erhielt keinen Dank. Er hatte sich den Falschen vorgenommen.

Ein Agent der DEA war abgeknallt worden wie eine Ratte, und nun musste Sal verschwinden. Und zwar zügigst. Die Presse schlachtete die Sache aus und Sal konnte sich nicht aus der Schusslinie bringen, denn der DEA-Agent hatte Frau und Kinder zurückgelassen und nun heftete sich jedermann an Sals Fersen. Und so war er erleichtert, als er sich im Fernsehen sah, auf einem Foto, das ihn im Gym zeigte, austrainiert und mit gut definierten Brustmuskeln. Er verkroch sich in einem Keller, bis der Bart gewachsen war, er sich auch sonst äußerlich verändert hatte und alle glaubten, er sei in Puerto Rico, was er nicht verstehen konnte, schließlich war allgemein bekannt, wie sehr er Puerto Ricaner hasste. Er rief seine Frau an, versicherte ihr, ihm gehe es gut, er habe den Kerl in Notwehr erschossen und könne jedoch weder sie noch das Baby sehen, weil die Bundespolizei ihr am Arsch klebe und nur darauf warte. Sie meinte, wenn er unschuldig sei, dann könne ein guter Anwalt ihn raushauen, aber es war nicht die Justiz, die Sal Kopfzerbrechen bereitete.

Die Zeitungen überschlugen sich wegen der Beerdigung, brachten Fotos der weinenden Kinder am Sarg und aus allen Amtsstuben kamen die Anzugträger, spulten ihren Sermon ab, den niemand zur Kenntnis nahm. Sal kam jetzt ganz groß raus. Die Stimmung war derart aufgeheizt, sagte man ein falsches Wort, konnte man einen Flächenbrand auslösen. Als sie die Tochter von Lou dem Griechen abholten, sie stundenlang festhielten und damit drohten, sie einzubuchten, obwohl sie Sal seit über einem Jahr nicht zu Gesicht bekommen hatte, reagierte Lou der Grieche richtig angepisst, denn er wollte nicht, dass sein kleiner Liebling mit hineingezogen wurde in den Sumpf. Das war der Zeitpunkt, als die Boys hellhörig wurden und sich fragten, was verdammt noch mal Lou der Grieche mit alldem zu tun habe. Sal ließ sie alle schlecht aussehen. Die Blondine im Fernsehen hielt die Sache am Kochen und verbriet Aufgewärmtes als brandaktuell und so fanden sich die Cops und die Boys in einem Trommelfeuer der Bilder wieder, der Gerüchte, der Verdächtigungen, es meldeten sich Spinner und andere Leute, denen Sal im Traum erschienen war. Alles lief aus dem Ruder: Glücksspiel und Pros-

titution, Kleinstkriminalität und Drogenhandel kamen
zum Erliegen, und bald geriet die ganze Gang in Harnisch und lief Amok; zwar wussten sie nicht, wo sie Sal
aufspüren konnten, aber sie wussten, wo Lou der Grieche wohnte. Und der wurde langsam kribbelig. Es wollte
kein Gras über die Sache wachsen, die Leute vergaßen
es einfach nicht. Sals Frau war in den Nachrichten, warb
um Verständnis, verkündete, ihr Mann werde von der
Polizei nur benutzt, dabei sei es ein abgekartetes Spiel,
sie hätten einen der Ihren getötet und schöben es Sal in
die Schuhe. Die Entwicklung nahm immer verrücktere
Züge an, quasi im Minutentakt. Jeden Tag gab es eine
neue Festnahme, einen neuen Verdacht und die Lage
wurde stetig brenzliger. Nahezu stündlich kam es zu Raz-
zien und den Cops war es egal, ob man ein Gramm oder
ein Kilo dabeihatte, man fuhr ein. Lou der Grieche hatte
einen Rückgang der Einnahmen zu verzeichnen: Entweder kam das Geld zu spät oder es lag noch auf der Post
oder es kam gar nicht, und Lou war klar, dass man an
seinem Stuhl sägte, also sah er sich nach neuen Alliierten
um. Und es gab jede Menge Nachwuchs, der danach
gierte, Lou imponieren und aus der Bredouille helfen zu
können. Bald wimmelte es nur so von Spaghettifressern
und nie zuvor hatte man so viele bewaffnete Italiener auf
einen Haufen gesehen. Sie verteilten sich in alle Winde,
schnüffelten herum und nahmen sich die kleinen Fische
zur Brust, verklickerten ihnen, dass sie damit heraus-
rücken sollten, wenn sie etwas wüssten, denn wer Infor-
mationen zurückhalte, sei genauso tot wie Sal dem-
nächst. Die Typen vom FBI drohten mit noch mehr
Ärger, sollten die Boys Sal nachhaltig aus dem Verkehr
ziehen, schließlich wollten sie dieses neue Gesetz anwen-

den: Bringt man einen Polizisten um, brät man wie ein
Fisch in der Pfanne. Sie verfügten bereits über einen
Stuhl mit Sals Namen darauf. Das wiederum wollten die
Boys unbedingt verhindern, weil Sal dann einen Anwalt
hätte, dazu käme ein Gefängnisaufenthalt und eine Revi-
sion und dann noch eine, und Sal würde die Sache mit
diesem Habeas-Corpus-Scheiß und weiß der Himmel
was noch über Jahre in die Länge ziehen. Sie konnten
nicht zulassen, dass Sal anfing zu quatschen oder Deals
auszuhandeln, sollten nämlich Lous Name und die
Namen seiner Freunde fallen, würde alles noch vertrack-
ter. Es kam zu einem irren Wettlauf zwischen den Cops
und den Boys, und auch Georgie verfolgte das Ganze
mit zitternden Gliedern: Wie es auch ausginge, er wäre
immer der Gewinner. Nationale Berühmtheit erlangte
Sal, als man eine Fernsehshow über ihn aus dem Boden
stampfte, mit Telefonnummern, die man anrufen konnte,
sollte er irgendwo auf der Bildfläche erscheinen. Er
wurde populärer als die Jungs aus Queens. Über Monate
wurde Druck ausgeübt, wurden Knochen gebrochen,
Gesichter eingeschlagen, aber niemand wusste, wo Sal
steckte. Einige glaubten, er sei in Florida oder hätte das
Land verlassen. Doch dieser verdammte Sal hockte
direkt vor jedermanns Nase, nur vierzig Blocks entfernt
lebte er wie ein König in einem großzügigen Apartment,
aß und schlief und sah sich Filme an und kroch im Dunkeln hervor, um mit seiner Mutter schriftliche Botschaf-
ten auszutauschen. Scheiße, als Georgie jetzt liest, wie
nah dran er gewesen ist – er kennt das Gebäude –,
möchte er am liebsten losschreien, denn er hätte hin-
humpeln und Sal stellen können, als der sich nachts
rausstahl, und er hätte ihm den Schwanz wegschießen

können, hätte Sal auf der Straße verbluten sehen und nicht nur in der Zeitung. Denn genau so erwischte es Sal: als er sich herausstahl für ein Treffen mit seiner Mom und dem Schicksal. Es hat ihn erwischt, eiskalt, schnell und effizient.

Georgie faltet die Zeitung zusammen und atmet tief durch. Jetzt ist alles gut, alles bestens. Er kann sich nicht entsinnen, wann er das letzte Mal so eins mit sich war. Am liebsten würde er seine Frau anrufen, um ihr zu sagen, dass er sie immer noch liebt und wie leid ihm alles tut; vielleicht würde sie sich freuen, von ihm zu hören, das andere abhaken und zurückkommen, doch er weiß nicht, wo sie ist und wie er sie erreichen kann. Dann spürt er es, an seinem Knöchel, wie eine warme, nasse Socke. Er schüttelt sein Bein und streift den Schuh ab. Diese verfluchten Pissbeutel! Er wäscht sich, wechselt den Beutel und geht hinunter, um sich seine Medikamente zu besorgen, legales Zeug auf Rezept. Den Krückstock in der Hand, hinkt er am Bordstein entlang, vorbei an Läden und Abfall. Am Zeitungskiosk macht er Halt und kauft noch zwei Zeitungen. Als er um die Ecke biegt, äffen die Kids ihm nach, laufen wie er und rufen ihm »Pissonkel« hinterher. Doch Georgie ist viel zu aufgekratzt, um sich davon runterziehen zu lassen. Vom Drugstore aus humpelt er in eine Seitengasse, wirft erst mal zwei ein, humpelt anschließend hinüber zum Schnapsladen und kauft sich einen Dreiviertelliter Roten. Auf dem Weg zurück in das Apartment trifft er Tony den Itaker, der stolz wie ein Pfau herausposaunt, wie seine Freunde sich um Sal gekümmert haben und dass man ihn eingeweiht und er alles gewusst hat, lange bevor es passiert ist, und als Tony dann noch eine Minestrone-Nudel spuckt,

sagt Georgie, ein andermal, ich muss jetzt. Nach Hause.
Um mit den Festlichkeiten zu beginnen, mit der Feier,
um die erste Nacht nach Sals gewaltsamen Tod einzuläu-
ten. Er schaltet die Nachrichten an, nuckelt an seiner Flasche, wirft noch zwei Pillen ein und dreht sich einen
Joint, alles, bis er kaum noch aufstehen kann. Noch einmal nimmt er sich die Zeitungen vor, starrt auf die Fotos,
leert die Flasche und drückt den Joint aus. Alkohol geht
durch Georgie hindurch, nimmt einen direkten Weg hinaus aus seinem System. Georgie sieht, wie sich der Beutel unter seinem Hosenbein markiert, sich bläht und kurz
vorm Platzen sein muss. Er müht sich hoch und stößt
dabei an den Tisch. Der Beutel löst sich vom Schlauch,
fällt zu Boden und ergießt sich dort, und Georgie fällt in
die Pfütze. Doch er dreht jetzt nicht durch, genaugenom-
men ist das Gegenteil der Fall: Erwärmt von Weingeist
und Enthusiasmus, mit geröteten Wangen und feuchten
Augen, lachend und feixend, seufzend und japsend
zugleich, hier, in seiner eigenen Pisse, erkennt er es: die
absolute Vollkommenheit. Die heilige Symmetrie. Den
Blick auf die Bilder der Nachrichten geheftet, spürt er,
wie in seinem Innern ein Licht entzündet wird, das ihm
das Herz öffnet und seine Seele ihres Versteckes beraubt.
In einem winzigen Augenblick, gleich dem, den Sal
benötigte, um abzudrücken und einer Frau den Mann zu
nehmen, Kindern ihren Vater und sie der Tristesse zu
überlassen, im Bruchteil einer Sekunde, so lange wie Sal
brauchte, um die Kugeln in den eigenen Körper eindringen zu fühlen und mit vor Todesangst geweitetem Blick
die eigene Frau, das eigene Kind zurückzulassen – in
einem solch kleinen Moment, der für diese Geschehnisse
ausgereicht hatte, findet Georgie seinen Gott. Lachend

stößt er sein Gebet hervor, greift sich ins Haar und beobachtet, wie seine Pisse in den Flur fließt.

Der Psalm von Richard dem Manager

Richard ist Manager und mächtig gestört. Fährt die West Street entlang, hält Ausschau nach Knaben, die sich an seinem Pimmel laben.

Dann geht's zurück nach Long Island, zu Weib und Kind, zurück ins beschauliche Heim. Dort geht man ihm auf den Leim. Er gibt den Normalen, spielt seine Rolle mit allem, was dazugehört, denn Richard, der Manager, ist mächtig gestört.

Er fährt ab auf Pisse, auf Scheiße, auf Nadeln direkt in die Brust. Dabei hat er auf Schmerzen so gar keine Lust. Stell keine Fragen, denn was soll man schon sagen.

Er mag sie dünn, schwach und jung. Die bemühen sich sehr. Denn sie brauchen mehr, Droge heißt Geld und Geld lenkt die Welt. Und so sind alle für alles offen und Richards schwarze Seele darf hoffen, bereit, gleichsam als Schwanz des Todes aus der Hose zu springen und teuflisches Sperma unter die Kinder zu bringen.

Dabei ist Richard doch Mitglied der Loge, sein Sohn bei den Pfadfindern und seine Frau viel zu ehrbar, als dass man es ihr anal besorgte.

Richard fährt eine rote Limousine, bildet sich ein, das mache ihn jünger. Er parkt ganz nah am Wasser, wartet dort auf kleine Jungen. Sind sie erst mal eingestiegen, geht es ab in die Innenstadt, in seine Bude. Dort wird sich ausgezogen, gefickt, geleckt und ausgepeitscht. Dann steigt Richard in Frauenkleider, sehr schick, und die Jungen sind dran für den nächsten Fick. Denn Richard macht heute Überstunden und Drogen sind so gut wie Geld.

Da ist Danny Boy, Richards liebster Gespiele, denn Danny Boy weint gern, auch ohne Hiebe. Für ein paar Hits gibt Danny Boy alles, saugt wie besessen, dann darf er abheben, Abheben ist besser als essen. Anschließend muss er Richard von hinten besteigen. Der benutzt jetzt Kondome, dreizehn Monate lang hat er darauf verzichtet, und weiß der Himmel, was er sich eingefangen, weiß der Himmel, was er weitergibt. Es ist ihm egal, zu stark ist der Drang, man muss sich ihm beugen. Und die Gefahr, die macht das Ganze erst recht wunderbar. Wunderbar und schön. Macht es schmutzig und obszön. Richard kauft Danny ein paar neue Klamotten, dann geht's ab für ihn unter die Dusche, bis Richard in die Wanne steigt und Danny auffordert, ihn anzupissen. Und Richard? Der malt sich aus, sie wären Jungverheiratete und in Niagara Falls.

Richard rasiert sich das Schamhaar, malt sich Gesicht und Nägel an, stülpt sich einen lilafarbenen Afro über den Kopf und empfängt Tito Mendez' dreißig Zentimeter langen Schwanz, und für hundert Dollar extra spritzt Tito ab in sein Gesicht, während Richard weint und die Tränen mit der Zunge auffängt.

Es ist dieser Dämon in ihm, der ihn zum Lügner macht, seinen Stolz verlacht und mit roten Augen über ihn wacht. Augen, worin der Drang sich spiegelt und der Zwang, die Lust, aber auch der Frust, denn Richard ist voller Selbsthass, stellt sich selbst unter Strafe, auch das eine Form der Begierde. Eines Tages wird der Selbsthass derart übermächtig sein, dass Richard zum Mörder wird und die besudelten Körper in der Kanalisation entsorgt.

Dann wird Richard kuriert sein.
Tatsächlich?

CHUCKIE:
DAS HERZ VERGEBEN GENAU WIE DAS LEBEN

Gestern Nacht ging Chuckies Brille zu Bruch, bei diesem
Handgemenge mit ... ach, weiß der Teufel, wer das war.
Der Typ sprach ihn an, wollte Geld, doch Chuckie hatte
nichts, nur Glück, denn bei der ersten Attacke brach die
Klinge ab und als sie die Fäuste sprechen ließen, wurde
dem Kerl schnell klar, dass es die Sache nicht wert war,
und er rannte davon. Chuckie flickte seine Brille mit
einem schmutzigen Pflaster, jetzt sitzt sie schief in seinem
Gesicht, doch die Welt kommt Chuckie damit weniger
schräg vor. Seine Stiefel schnürt er sich mit Draht, seitdem vor zwei Monaten die Schnürsenkel rissen. Er
streift den Broadway entlang, ist auf Sinnsuche, denn ein
Leben besitzt Chuckie nicht. So pilgert er unentwegt und
aus Stunden werden Tage; Pause macht er nur, um zu
schlafen oder Stoff zu beschaffen oder um eine Rakete
zu zünden, und seinen gesamten Besitz, den trägt er auf
dem Rücken, denn Chuckie ist eine Einmannwelt.

Es gibt nichts, was ihn je beunruhigt hätte, denn er
wird mit allem fertig.

Zu Geld kommt er, indem er Flaschen und Dosen
sammelt und bettelt. Es läuft gut für ihn, das Betteln,
denn er macht nicht den Eindruck, völlig am Ende zu
sein. Er ist sauber, er ist höflich und die Leute haben
kein Problem damit, ihm ein wenig Kleingeld zuzu-
stecken, das er dankbar annimmt, um an seinen Stoff zu
kommen, sich sein Fläschchen zu kaufen, um weiterpil-

gern zu können, bis es spät in der Nacht ist oder er einfach nur zu zugedröhnt. Chuckie schläft an der West
Street, in diesem großen dunklen Gebäude, das nur
Obdachlose kennen. Dort ist es dreckig, es stinkt und
jeder, der eine bessere Bleibe hat, würde nicht mal seine
Albträume dort verbringen wollen. Doch für Chuckie ist
es ein Zuhause.

Alle paar Wochen trifft er seine Exfrau, und immer
versucht sie, ihm Geld zu geben, das er jedoch nicht
annimmt, es sei denn, er ist richtig blank. Man muss wissen, dass sie ihn noch immer liebt, nur nicht mehr als
Ehemann. Doch Chuckie liebt sie mit jeder Faser seines
Herzens, mit jeder Zelle seines Körpers, liebt sie abgöt-
tisch und all das, was sie ist, was sie sein wird, verzehrt
seine Gedanken und in seinem Innern brüllt der Verlust,
schlägt seine scharfen Zähne in Chuckies Magen, bis da
nichts mehr ist als ein großes blutendes Loch, wo der
Wind hindurchpfeift.

Chuckie ist bei allen Huren beliebt, denn er teilt seinen
Stoff mit ihnen. Er ist liebenswürdig zu den Schwulen,
höflich zu den Transen, ein rundum sympathischer Typ.
Er hat nur kein Leben. Das war mal anders, als Jane und
er noch zusammen waren, die gesamte Schulzeit über
waren sie die engsten Freunde. Anfangs erzählten sie
einander von den Leuten, mit denen sie es trieben, ob
die gut waren oder nicht, bis sich eher zufällig etwas
Sinnliches in ihre Freundschaft stahl. Sie verliebten sich
ineinander, hielten mit entrücktem Blick Händchen – es
war das Paradies. Bis sie heirateten. Denn die Dinge ent-
wickelten sich nicht so, wie sie sollten. Chuckie machte
zügig seinen Abschluss in Betriebswirtschaftslehre und

war sich sicher, bald das ganz große Geld zu verdienen. Aber nachdem er vier Jahre auf seine Chance gewartet hatte, auf den Geldsegen, wurde Jane es leid, denn sie sah nur, dass sie zehn Stunden am Tag bei Macy's arbeitete und mehr Geld nach Hause brachte als er. Als dann dieses Optionsgeschäft platzte und alle Bosse ungeschoren davonkamen, begann für Chuckie der Anfang vom Ende. Er kam nicht ins Gefängnis, musste aber die Firma verlassen und sich wieder am Start aufstellen. Also verbrachte er seine Tage damit, noch mehr zu arbeiten, bis Jane und er sich derart auseinandergelebt hatten, dass sie einander wie Fremde begegneten. Gehen zu müssen, das brach ihm das Herz und raubte ihm fast den Verstand, doch er schied nicht im Streit, denn sie sagte, es sei nur ein Versuch. Chuckie rechnete damit, in einigen Wochen wieder da zu sein. Fast ein Jahr ist seitdem vergangen. Als er kein Geld mehr hatte, verließ er das Hotel und lebte drei Tage auf der Straße, denn ohne Jane hatte sowieso nichts einen Sinn.

Sein Weg führte ihn über Obdachlosenunterkünfte in die Suppenküchen, er wurde beraubt und mit dem Messer verletzt und kam zu dem Schluss, dass er unter freiem Himmel besser aufgehoben sei.

Chuckie betritt den Lebensmittelladen, und sofort legt Remo los, flucht mit lauter Stimme, sagt, diese verdammten Penner mit ihren Dosen gehen mir mächtig auf die Ketten, Scheiße noch eins, warum nerven sie nicht die Schlitzaugen auf der anderen Straßenseite? Chuckie lächelt und reicht Remo die Tüte, der vor sich hin grummelt und stöhnt und Chuckie am Ende fünfzig Cent gibt. Der kauft sich einen Hershey-Riegel zu Mittag.

Er bettelt auf der 5th Avenue, in Höhe der vierziger Nummern, und die Passanten geben ihm Geld. Als er hinunter in die U-Bahn geht, denkt er sich, wenn er sowieso schon in der Gegend ist, kann er auch Jane besuchen.

Damenwäsche, Reihe siebzehn. Die Münzen in seiner Tasche klingeln wie Glöckchen, als er durch die Gänge streift, und die Leute wundern sich, woher das Geräusch kommt. Er geht vorbei an den Schaufensterpuppen, allesamt hübsch und glatt mit ihren verträumten Gesichtern und der schönen Kleidung, und er wünschte, er hätte eine Rakete abgefeuert, denn gleich wird er sich wünschen, tot zu sein. An der Kasse macht er Halt. Er sieht sich um und dann entdeckt er sie. Sein Blick fängt ihr langes, gewelltes Haar ein, wie ein Vorhang aus Seide erscheint es ihm, und ihr Gesicht mit dem hellen Teint, glatt, kaum geschminkt, nur ein wenig Eyeliner, lediglich ein Hauch von Rouge. Sie bemerkt ihn anfangs nicht, ist im Gespräch mit einer Kundin, also bleibt er an der Kasse stehen und beobachtet sie aus der Entfernung.

Das Loch in seinem Magen frisst sich weiter wie Säure, seine Eingeweide und sein Herz lösen sich auf, und er spürt den eisigen Wind, der seine Seele davonträgt. Doch das Lächeln auf seinem Gesicht bleibt, das Gesicht einer Schaufensterpuppe, und als Jane sich umdreht, sieht sie ihn, lächelt leicht gequält und die Welt hört für einen Augenblick auf sich zu drehen ... bis Chuckie den Weg durch das Dickicht der Anspannung findet.

Sie stellt sich ein wenig abseits mit ihm, um ein paar Worte zu wechseln, erkundigt sich, wie es ihm gehe, meint, er sehe gut aus und fragt, ob er etwas brauche, wie es finanziell stehe. Chuckie schluckt den Kloß in seinem Hals hinunter, sagt, es gehe ihm gut und sie sei schöner als je zuvor. Sie fragt, wo er jetzt wohne und was er im Winter zu tun gedenke, überhaupt, wie lange wolle er sich noch selbst bestrafen? Denn in gewisser Weise fühlt sie sich noch immer schuldig, was die Ereignisse betrifft. Chuckie erwidert nichts auf ihre Fragen, möchte nur wissen, ob sie gemeinsam etwas essen gehen. Im Geschäft sei heute richtig was los, meint sie, sie könne beim besten Willen nicht weg. Chuckie sagt, sie solle darauf achten, anständig zu essen, es komme ihm vor, als habe sie abgenommen. Sie erwidert, er solle sich keine Gedanken um sie machen, schließlich sei er derjenige, der Probleme habe. Als sie ihr Portemonnaie hervorholt und öffnet, schließt er es sogleich in ihrer Hand. An einem Ständer mit Dessous, die sie besser nicht tragen sollte, macht sich eine Frau bemerkbar, und als Jane hinübersieht zu ihr, weiß Chuckie, dass es Zeit ist zu gehen. Er verabschiedet sich, sagt, Jane solle sich keine Sorgen machen, er sei okay, dann dreht er sich um und Jane geht hinüber zu ihrer Kundin. Auf halbem Wege durch die Abteilung dreht er sich noch einmal um und sieht sie mit Spitzenbesetztem aus Samt und Seide in der Hand, sieht, wie sie es an ihre Wange hält, sieht ihre Lippen, Zähne, sieht, wie sie sich die Teile anhält, sieht ihre Brüste, Taille, ihre Schenkel, und er verspürt so sehr den Wunsch, mit ihr zusammen zu sein, Kinder zu haben, und alles, was hätte sein können, macht sich breiter und breiter in seinem Innern, bis er glaubt, ersticken zu müssen. Und als zu allem Überfluss die Lautsprecher der Berieselungsanlage anfangen, Frank Sinatras Version von »Cycles« auszuspucken und jedes verdammte Wort zu Chuckie passt wie die Faust aufs Auge, denkt er an die Zeit, als ihrer beider Leben ein Leben war, als sie alles gemeinsam machten, planten, als alles, was er wusste, auch sie wusste, weil sie in jederlei Hinsicht ein Teil des anderen waren mit ihren Familien und Freunden, mit ihrer Zukunft. O Gott, was hat sie ihn geliebt, wirklich geliebt, so sehr. Damals konnte sie nicht an ihm vorbeigehen, ohne ihn zu berühren oder zu küssen, konnte einfach nicht verzichten auf den Körperkontakt. Sie war immer da, unterstützte und liebte ihn, alberte herum, machte Witze und lachte, und sie waren so glücklich, richtig glücklich. Er macht sich selbst verrückt, weil er versucht dahinterzukommen, wie er es verbockt hat. Er hat sie gut behandelt, hat sie nie geschlagen oder betrogen, hat nie geklammert, wieso kann die Liebe verblühen und verwelken, eingehen wie eine Blume in der Erde? Beim Anblick ihres Gesichts glaubt er, ihr Parfüm zu riechen, ihr Haar, das nach Erdbeershampoo duftet, er sicht das Strahlen in ihren Augen, das einst für ihn bestimmt war, einzig und allein für ihn, und in Gedanken ist er mit ihr im Apartment, wo sie ihn bittet, die Schranktüren zu schließen, die er mit Absicht offen gelassen hat, oder den Müll hinauszubringen, den er vergessen hat, oder um eine andere x-beliebige blöde Sache, für deren Erledigung er – würde sie ihn heute darum bitten – seinen rechten Arm hergäbe. All die Male, als er sie verletzt oder etwas Verletzendes geäußert hat, all die Male, als er etwas Nettes hätte tun können, es aber unterlassen hat, alles, was er hätte sagen müssen, als es noch wichtig war, als er noch die Gelegenheit dazu hatte, hätte er doch nur, hätte er bloß ...

... Das sind die Albträume, die an ihm nagen, und nur in Bewegung kann er's ertragen, verliert er nicht den Verstand, und so zieht er los, ein Loch im Magen, einen

Becher in der Hand, schnorrt er die nötige Knete für den erlösenden Rauch der Rakete.

Er schnorrt sich seinen Weg zurück und kauft vier Ladungen von sexy Eileen McDermott, die mächtig scharf auf ihn ist. Doch Eileens Ehemann ist Kopf einer Killertruppe und niemand, ob klar bei Verstand oder nicht, würde mit Eileen rummachen. Chuckie geht Richtung Osten.

Mit einer aus Alufolie und Strohhalmen gebastelten Pfeife kauert er sich hinter die Müllsäcke neben der koreanischen Pizzeria. Er genehmigt sich zwei Hits, wirft die Pfeife fort und bleibt inmitten des Mülls sitzen, bis er pinkeln muss. Er fliegt so weit nach oben, dass sein Strahl von der Erde weg und in das luftleere, mit Sternen übersäte Universum gelenkt wird, wo er in einem Himmelskörper aus Beton ein neues Ziel findet und alles Leben dort ertränkt und zerstört. Durch das Fenster der Pizzeria beobachtet Chuckie, wie Suck My Wang mit seinen weißen, bemehlten Händen den Teig bearbeitet, ihn auseinanderzieht, wie ein Itaker es täte. Er bepinselt ihn mit Öl und Sauce, belegt ihn mit den ekelhaftesten Zutaten wie Spinat und Brokkoli und mit merkwürdigem grünem Kram, von dem Chuckie nicht mal erraten könnte, was um alles in der Welt er darstellen soll. Für einen kurzen Augenblick ist er versucht, in den Laden zu stürzen und die Leute zu fragen, was zum Teufel sie mit der Pizza veranstalten, doch Wendy Washington schreckt ihn auf, als sie plötzlich neben ihm steht. Sie sieht heute Abend nicht sonderlich gut aus, lächelt Chuckie dennoch an und sagt hallo.

Sie verziehen sich in den Hausflur, ganz nach hinten, wo Chuckie eine neue Pfeife zurechtfummelt und die

Streichhölzer, die er anreißt, die einzige Lichtquelle sind. Wendy, schwarz wie die Nacht, ist nicht zu erkennen, macht sich jedoch auf andere Weise bemerkbar, geht auf Tuchfühlung, bedrängt Chuckie, ihr Atem streift ihn und sie möchte, dass er sie nimmt, schließlich ist es drei Wochen her, dass ein Mann sie gefickt hat, der nicht nur Verachtung für sie empfindet. Chuckie teilt seine letzten zwei Ladungen mit ihr und dann sitzen sie da, schweigend und mit Bildern im Kopf aus einer Zeit, als sie noch glücklich waren oder wenigstens woanders. Sie schmiegt sich an ihn, ihre Zunge findet seinen Hals, fährt ihm über die Lippen, und hier, im Dunkeln, denkt Chuckie, sie wäre Jane. Sie arbeitet sich hinunter zu seiner Hose, er streckt die Beine aus und im Nu ist er in ihrem Mund und zugleich packt ihn die Verzweiflung, denn Jane würde es niemals so machen; Jane ist sanft und zärtlich, doch Wendy saugt, als wollte sie ihre Lungen zum Platzen bringen. Er schreit auf und macht schlapp. Wendy will wissen, was er für ein Problem habe, aber er sagt nichts dazu. Sie rutscht hinüber, auf die andere Seite des Flurs, kratzt sich im Schritt, während Chuckie seinen Reißverschluss hochzieht. So sitzen sie noch eine Stunde beisammen, bis Wendy wieder runterkommt und hinausgeht, auf die Straße.

Er wird von einem Hund geweckt, der an seinem Bein schnüffelt, doch Chuckie scheut davor zurück, sich im Dunkeln zu bewegen, also bleibt er liegen, zitternd wie Espenlaub. Der Hund fängt an zu knurren und Chuckie wünscht sich, er hätte ein Messer. Der Hund stupst mit der Nase, sein Knurren wird lauter, dann macht er eine Bewegung, als setze er zum Sprung an, und in dem Moment, als Chuckie ihm ausweichen will, greift der

Hund an und geht ihm in die Beine. Chuckie tritt nach ihm, schlägt auf ihn ein, spürt die Zähne, die den Stoff seiner Hose zerreißen und seine Haut verletzen, er spring auf, wehrt den Hund mit dem Arm ab und rennt Richtung Tür. Eine Stimme ruft nach King und bei Fuß, und als Chuckie sich umdreht, macht er oben, auf dem Treppenabsatz, eine Gestalt aus, die das Ganze verfolgt haben muss. King steht da, mit gefletschten, blutigen Zähnen. Chuckie brüllt los, warum, um Himmels willen, erlauben Sie Ihrem Hund, mich anzugreifen, doch der Typ meint nur, er wolle nicht, dass drogensüchtige Penner in seinem Hausflur schlafen, und wenn Chuckie sich noch einmal hier blicken lasse, werde er King auf ihn hetzen und ihn nicht zurückrufen. Chuckie geht hinaus auf die Straße und fühlt das Blut kalt an seinen Beinen. Er sieht sich seine zerrissene Hose an und bemerkt, dass auch eine Hosentasche aufgerissen und sein gesamtes Geld verschwunden ist. Er könnte heulen, doch es ist zu kalt, also setzt er sich in Bewegung.

Magenknurren treibt ihn in den Bagel-Laden und als er dort so herumsteht, um sich aufzuwärmen, bittet er um einen Bagel und verspricht, ihn später zu bezahlen, doch man sagt ihm nur, er solle den Abgang machen, denn mit dem Blut versaue er den Boden.

Er schnappt sich ein paar Servietten, verlässt den Laden und setzt sich auf eine Vordertreppe. Dort wischt er sich das Blut von den Beinen; jetzt, in der Kälte, schmerzen sie nicht allzu sehr, doch wenn die Sonne erst einmal hervorkommt, werden die Schmerzen stärker werden.

Über den Häusern geht die Sonne auf und Chuckie fragt sich, was Jane wohl gerade macht. Ob sie noch im

Bett liegt oder steht sie gerade auf? Ist sie allein im Bett oder ist ein Freund bei ihr? Ob sie überhaupt noch an ihn denkt oder hat sie ihn längst aus ihren Gedanken verbannt? Hinter der Kreuzung ertönt Geschrei, doch es hört sich nicht nach einem Streit an, eher so, als rufe einer nach jemandem oder nach etwas. Eine Frau kommt vorbei, einen kleinen Hund an der Leine, und als sie Chuckie auf den Stufen hocken sieht, abgerissen und erschöpft, will sie nur weg. Gleichgültigkeit, dein Name ist Angst. Chuckie hält sich die zerrissene Hosentasche zu, denn der Wind pfeift hinein und friert ihm die Eier ab. Er steht auf und zieht los, schließlich muss er jetzt ein paar Flocken mehr zusammenbekommen, für eine neue Hose. Er schwingt sich über das Drehkreuz, hebt einen frischen Donut vom Boden auf und nimmt die Bahn zum Times Square. Es ist noch früh am Morgen, dennoch brennt hier die Luft, alle sind wie die Geier, verticken, betteln, drohen einander, und immer wenn ein Cop sich zeigt, schaltet jeder einen Gang runter. An der 9ten waschen ein paar Trebegänger Windschutzscheiben, während am Tunnel die wettergegerbten Brezelfritzen mit ihren Karren zu kämpfen haben. Die Kinos öffnen nicht vor elf, aber Show World hat auf, mit Vaginal Vivian und ihrem klaffenden Loch, das rohe Eier verschluckt. Chuckie geht hinein, wird aber hinausgeschmissen, als er keine Münzen kauft. So geht er quasi eine Tür weiter, um sich aufzuwärmen und etwas von den Fahrgästen der Busse abzugreifen, aber die trudeln erst später ein, also hängt er mit Rico Montoya ab, der für ein paar Pennys seine Lippen anbietet. Rico schläft auch in dem großen Lagerhaus an der West Street und einmal hat Chuckie ihm geholfen, zwei Typen in die

Flucht zu schlagen, die ihm den Arsch mit einem Rasiermesser aufschlitzen wollten. Rico ist gerade mal dreizehn und niemand weiß, woher er kommt und ob er Familie hat. Er gibt Chuckie einen Schokoshake aus, fragt, wo er letzte Nacht gesteckt habe und was mit seinen Hosen passiert sei, und Chuckie berichtet von dem Hausflur und dem Hund, woraufhin Rico kurz auflacht und meint, er werde das Vieh umbringen. Ein Bus rollt heran, Leute steigen aus und Chuckie bittet sie um Geld für eine Fahrkarte nach Hause. Rico hält sich abseits, grinst zufrieden vor sich hin, schließlich macht er in einer Stunde mehr als Chuckie am ganzen Tag – andererseits braucht Chuckie dafür nicht zu schlucken. Als Chuckie wieder zu den Bänken zurückgeht, um auf den nächsten Bus zu warten, beobachtet er, wie Rico mit einem Mann mittleren Alters Richtung Garage geht. Gegen Mittag ist Rico reich und Chuckie hat genug zusammen für ein Paar Hosen, also geht er zur 4ten und kauft sich ein Paar gebrauchte. Auf der 4ten gibt es Suppe für lau und wenn sie auch schmeckt wie Wasser, Chuckie stellt sich vor, es wäre französische Zwiebelsuppe und er wieder in Frankreich. Anschließend macht er sich auf die Suche nach Dosen und bittet bei jeder roten Ampel um Kleingeld.

Eileen lungert herum, ihr aufreizendes kleines Lächeln auf den Lippen, und Chuckie kauft ihr drei Ladungen ab, um über den Abend zu kommen. Sie berührt seine Wange und fragt mit laszivem Blick, wo er gewesen sei und weshalb er nicht was anderes mache, bei dem er seinen Stoff umsonst und außerdem Geld für ein Zimmer haben könne.

Bei Sonnenuntergang laufen die Gullys in der West Street über, und Chuckie hängt draußen ab, die Mädels im Blick, wie sie ihrem Gewerbe nachgehen. Es bläst der Wind, es braust der Verkehr und die Mädels schlottern in ihren knappen goldenen Höschen, die Beine überzogen mit Gänsehaut, die Nippel hart wie Eis. Eine Blonde fällt ihm ins Auge; ein junges Ding, sie muss neu sein, er hat sie hier noch nie gesehen und ihre Beine sind so was von wunderbar, dazu ein perfekter runder Hintern, und die Autos halten an, der Typ im hinteren Wagen schreit, er habe sie zuerst gesehen, also mach dich vom Acker! Chuckie verfolgt das Ganze, lächelt in sich hinein: Willkommen im Dschungel! Er gibt sich eine Ladung und verlässt seinen Körper, treibt durch die Dunkelheit und sieht Farben, und immer wenn eine Vision von Jane sich dazwischendrängen will, bemüht er sich, schnell wieder an Farben zu denken. Autos, Nutten, Cops und Freier, sie alle führen ein Ballett des Tatsächlichen auf, das ihn nur noch weiter abdriften lässt. Als er den Beton unter seinen Füßen spürt, erhebt er sich und macht sich auf den Weg ins Lagerhaus. Beim Anblick der fettigen Burger auf der schwarzen, eisernen Herdplatte von Munson's Diner wird er daran erinnert, dass er einen mörderischen Hunger hat, was bedeutet, dass er kurz davor ist runterzukommen, was bedeutet, dass er nachladen muss. Er schiebt sich zwischen den Spalt in der Mauer hindurch und sieht als Erstes all die Feuer. Jeder hat hier sein eigenes. Als Nächstes erklimmt er einen wahren Berg aus Salz und setzt sich neben Ricos Feuer. Rico hockt da, in eine ölverschmierte, zerrissene Plane gehüllt wie in eine Decke, und obwohl er dicht am Feuer sitzt, sieht er verfroren aus. An beiden Augen zeigen sich Blutergüsse, und es scheint, als weine er. Chuckie sagt nichts, sitzt nur da, zündet eine Rakete und reicht sie Rico. Zwei

Feuer weiter bricht ein Streit los, das ganze Lagerhaus ist ein einziges Geschrei, Stimmen prallen von den Balken ab wie Geschosse, nur Chuckie und Rico drehen nicht durch. Sie sind hackedicht, und Rico inhaliert den Rauch, als wäre er Sauerstoff und er selbst ein im All Verschollener. So sitzen sie da, starren ins Feuer, das allmählich herunterbrennt. Chuckie ertappt sich dabei, wie er sich einer Vision von Jane hingeben will, und bekommt noch rechtzeitig die Kurve, verfolgt den Weg eines Aschepartikels durch die Flammen hinein in die Dunkelheit. Rico fängt an zu erzählen, dass er von einem Kerl beraubt und zusammengeschlagen wurde, der ihn uptown aufgegabelt hat, ein Stammkunde, der bisher nie Ärger gemacht habe, heute aber völlig ausgeflippt sei und sein, Ricos, Gesicht bearbeitet habe, bis Rico ohnmächtig geworden sei. Chuckie weiß nichts darauf zu sagen, also sitzt er schweigend da. Rico schlingt die Arme fest um seinen Körper, ist offensichtlich kurz davor zusammenzubrechen, dabei lässt Rico es eigentlich nicht zu, dass jemand ihn so sieht. Man hört, wie der Wind durchs Dach pfeift, hört das Tosen des Verkehrs auf dem Highway und eine Sirene, die sich heulend ihren Weg zum Einsatzort bahnt.

Chuckie wird bewusst, dass er Rico anstarrt, ihn und die Blutergüsse an den Augen, die Schramme auf der Wange; er ist zu jung für diese Scheiße, denkt er, verdammt noch mal, der ist doch noch ein Kind und lebt bereits wie der Abschaum der Menschheit. Er zündet seine letzte Rakete und teilt sie mit Rico, und mit dem Rauch in der Lunge und der Wärme des Feuers verspürt Chuckie den Drang, dem Jungen seine Jacke zu geben. Rico zupft an einem zerfetzten Ende der Plane um seine

Schultern, bis er es abgerissen hat und ins Feuer wirft. Er verfolgt, wie es sich zusammenzieht und verbrennt, und Chuckie bemerkt den Anflug eines Lächelns. Die orangefarbenen Flammen züngeln hoch zu Ricos Augen, zaubern Schatten und Hoffnungslosigkeit auf sein Gesicht, und in der stummen, unwirtlichen Kühle der Nacht, zum ersten Mal, seit Chuckie ihm vor sechs Monaten begegnete, entspricht Rico dem, was er ist: einem Kind.

Chuckie würde so gern etwas sagen – irgendetwas –, damit Rico von hier verschwindet, würde ihm gern sagen, er soll zurückgehen, nach Hause, weg aus diesem Dreck, denn das hier kann unmöglich ein Leben sein für ein Kind, wo es Schwänze lutschen muss, zusammengeschlagen wird und immer damit rechnen kann, dass jemand ihm ein Messer ins Herz stößt. Doch während er ins Feuer starrt, kommen ihm die Worte nicht über die Lippen, denn womöglich hat Rico Schlimmeres hinter sich gelassen. Niemals wird sich Chuckie eine Vorstellung machen können vom Anblick des Vaters, Ricos Vaters, als der Ricos Mutter mit fünf Schüssen ins Gesicht tötete, sich anschließend umdrehte, um Ricos älteren Bruder mit der letzten Kugel ins Herz zu treffen, die Waffe nachlud, während Rico sich im Bad einschloss und versuchte, durch das schmale Fenster zu fliehen in dem Moment, als die Tür eingetreten wurde von einer schweißbedeckten Masse Mensch, die zuckenden Augen groß wie Silberdollar, die Pupillen mit dem Durchmesser eines Vierteldollars, vor sich einen schreienden, flehenden Rico – »Daddy, bitte bring mich nicht um!«– , der schließlich auf dem Boden zusammenbrach, den ganzen Körper verkrampft, und auf die Erlösung wartete.

Dann die tiefe Reibeisenstimme seines Vaters, mit der er hervorstieß »Jetzt wird keiner sie mehr kriegen!«, gefolgt von einem Schrei, einem Schuss und einem plumpsenden Geräusch, und einen Moment später dann, als Rico begriff, dass er noch am Leben war, und durch seine Finger linste, sein Vater auf dem mit Blut besudelten Boden, mit zuckendem Fuß, es war der linke und er zuckte wie ein Dildo. Als man Rico blutverschmiert in der Badewanne fand, hinter dem zugezogenen Duschvorhang, konnte sich niemand erklären, wie seine Mutter in den Schrank gekommen war, denn Rico schwieg – sechs Monate lang sprach er kein einziges Wort. Die Cousine seiner Mutter und ihr Mann nahmen ihn zu sich, und obwohl sie ihn nicht schlecht behandelten, behandelten sie ihn auch nicht gut. Ihm war klar, dass er es vermasselte, denn er belauschte sie eines Abends, als sie davon sprachen, ein eigenes Kind zu haben und was für ein Umgang er für dieses Kind wäre und überhaupt, sie hätten sowieso nicht genügend Platz ...

Alle Spannung weicht aus Ricos Gesicht, seine Lider werden schwer und die Blutergüsse verleihen ihm das Aussehen eines Zombies. Chuckie entgeht nicht, wie Rico davontreibt, Gott weiß wohin zurück, denn jetzt beginnen seine Augen zu flattern. Er reißt sie weit auf, will sich zwingen, wach zu bleiben. Chuckie sieht in die Glut und wünscht sich, er hätte etwas Scotch. Er ist vollkommen klar und für einen Moment erwägt er, sich zusammenzureißen, sein Leben wieder aufzunehmen, Jane zu vergessen und das, was gewesen ist, denn verdammt noch mal, was macht er eigentlich? Das Schluchzen einer Frau dringt vom anderen Ende des Lagerhauses herüber und Chuckie fängt an zu weinen, die eisigen

Tränen brennen in seinem Gesicht, und gerade als Rico sich auf dem kalten, körnigen Salz auf den Bauch dreht, erkennt Chuckie, wie sehr er sich selbst bemitleidet. Immerhin hatte er einst ein Leben und Besitztümer, war glücklich und weiß, was es heißt, jemanden zu haben und geliebt zu werden. Es ist seine Entscheidung, so zu leben. Rico hingegen hatte wahrscheinlich nichts und niemanden und jeder, den er trifft, will ihn ficken oder linken oder mit einem Rasiermesser aufschlitzen. Und während ihm das so durch den Kopf geht, wird Chuckie klar, dass er um nichts in der Welt mit Rico tauschen würde, selbst dann nicht, wenn sich dieser Salzberg hier in einen Berg aus Crack verwandelte.

Chuckie spürt seine Zehen nicht mehr. Sie sind taub. Er deckt Rico vollständig mit der Plane zu und streicht ihm übers Haar. Sein Blick wandert durch die Weite des Lagerhauses, über die Feuer und die dunklen Gestalten, die sich darum drängen, und er zieht los, um etwas Holz zu organisieren.

ROMEO: VON GRUND AUF VERSAUT

Romeo spürt den Hitzestau im Innern, es brodelt bis unters Dach und wenn er nicht gleich Druck ablässt, wird er in Millionen kleiner Einzelteile zerspringen. Gestern Abend erst, nachdem er vier Raketen hintereinander gezündet hatte, ist er mit Brazil in die Pappe-Stadt. Da lag es, das Ding, alleine, betrunken, Romeo konnte die Rotzfäden in dem Gesicht erkennen. Brazil trat gegen die Füße, damit es aufwacht, doch es murmelte nur vor sich hin und drehte sich auf die andere Seite. Daraufhin schnappte sich Romeo eine Latte und prügelte die Scheiße aus dem Ding, so lange, bis Arme und Beine gebrochen waren und der Kopf blutete. Brazil trat ihm mit aller Kraft in die Eier und als es auf dem Bauch landete, legte Romeo los, drosch mit der Latte auf den Rücken ein, versuchte, die Wirbelsäule zu zertrümmern. Gott, fühlte sich das gut an, so verdammt gut. Bevor sie abhauten, wollte Brazil es noch anstecken, aber das Hemd fing kein Feuer, also probierte er es mit dem Haar, doch das ließ sich nur ansengen. Romeo hockte sich neben den blutenden Kopf und lauschte dem Pfeifen und Gurgeln der Lungen.

Romeos Mutter sitzt auf dem Sofa, Joy, seine Schwester, sitzt neben ihr. Romeo sagt nichts, als er hereinkommt. Und seine Mutter sieht ihn auch nicht an, starrt nur auf das Kissen, das sie gegen ihren Bauch gepresst hält, weiß nicht, ob sie es jemals verwinden wird – ihr Jüngster, ihr Baby. Joy geht in die Küche, will telefonieren, und Romeo geht hinterher, um etwas zu essen.

Während er den Kühlschrank inspiziert, wählt Joy eine Nummer. Sie dreht sich um, lehnt an der Wand, den Hörer am Ohr, und beobachtet Romeo mit giftigem Blick. Er spürt diesen Blick auf seiner Schulter, die Hitze der Pupillen, die ihm Löcher in den Schädel brennt, den Hass, der sich wie ein Same in seinem Hirn einnistet, eine Tätowierung fürs Gedächtnis. Wie gern würde er ihr eins in die Fresse geben, er möchte ausholen und ihr eine Lektion erteilen, ein für allemal, ihr die Zähne einschlagen, denn wie zum Teufel kommt sie dazu, ihn für die Scheiße verantwortlich zu machen, die draußen abgeht? Und verdammt noch mal, es ist jetzt mehr als eine Woche her, höchste Zeit, die Vergangenheit abzuhaken und sich Gedanken um morgen zu machen. Als Joy den Hörer auflegt und zurück ins Zimmer geht, sitzt Romeo am Tisch und trinkt ein Glas kaltes Wasser.

Später trifft sich alles bei den Basketballplätzen, auch Soby; frisch aus dem Krankenhaus, mit roten Augen und glasigem Blick sieht er aus wie der Tod auf Urlaub. Brazil baut einen Joint, verteilt Haschöl darauf und zündet ihn an. Der Joint macht die Runde, nur Cremont lehnt ab, meint, in seine Lunge lässt er nur Raketen. Sie verarschen ihn, bezeichnen ihn als eingebildete Pussy, doch Cremont sagt nur, fickt euch, holt eine Handvoll Raketen hervor und fängt an, sie abzufeuern. Nun holen alle ihre Raketen hervor und sie ballern sich zu, als wäre es der Jüngste Tag. Romeo verkündet, sie haben heute Abend noch was zu erledigen, und niemand hält dagegen.

Sämtliche Antennen ausgefahren, kribbelig bis in die Zehenspitzen – Romeo wartet an der Ecke und jedes Mal, wenn ein Fremder vorbeikommt, nimmt er ihn aufs Korn, während der Rest des Quartetts in der Seitengasse lauert. Den Dritten drückt Romeo gegen die Wand, hält ihm die Waffe in das schockstarre Gesicht und bevor der Kerl Luft holen kann, räumen die anderen seine Taschen aus. Romeo durchbohrt ihn mit Blicken, denn sollte man sich wiederbegegnen, dann ist der Typ tot. Brazil überfällt das Zittern, was nie ein gutes Zeichen ist. Cremont hat den Typ bei der Krawatte, würgt ihn, bis der fast am Ersticken ist, und für einen kurzen Moment denkt Brazil daran, sein Messer zu zücken und einzusetzen. Romeo spannt den Hahn seiner Waffe und der Typ fängt an zu flennen, fleht um sein Leben und ruft Gott an und Jesus Christus. Romeo reißt ihn weg von der Wand, stößt ihn die Straße hinunter und der Typ hebt ab wie eine Fledermaus, die dem Fegefeuer entkommen ist. Alle vier lachen voll ab und zählen das Geld, sechsunddreißig Flocken, also neun für jeden. Soby sagt, er möchte mal wieder ordentlich flachgelegt werden, weil, im Krankenhaus hat er nur immer einen geblasen gekriegt, und niemand hält dagegen.

Sie marschieren die Straße entlang und jeder weicht ihnen aus, denn wie sie so entlangmarschieren, haben sie etwas von den Reitern der Apokalypse. Beim Anblick einiger hungriger Hunde, die sich über den Abfall hermachen und sich darüber in die Wolle kriegen, fragt sich Romeo, ob die auch eine menschliche Hand fressen, wenn er ihnen eine hinwerfen würde. Auf dem Spielplatz schnappt sich Soby Debbie Carter, packt sie am Arm und zerrt sie durch ein Loch im Zaun, und als Debbie die drei anderen entdeckt, bleibt sie stehen und meint, allen besorgt sie es nicht, sondern nur Soby. Soby stößt sie hinunter auf den Schotter und macht sich an ihrer Kleidung zu schaffen, und als Debbie sich aufrichten will, schlägt er sie und stößt sie zurück auf den Boden. Er zottelt an ihrer Bluse, sie schreit, er soll ihr nicht die Kleider runterreißen, weil sie sich schon von allein auszieht. Brazil blafft, halt's Maul, Schlampe, und hat dabei diesen Ausdruck in den Augen, der Debbie zum Schweigen bringt. Soby baut sich über ihr auf, sorgt dafür, dass sie ihren BH auszieht, dann öffnet sie ihre Hose und schiebt sie umständlich hinunter bis zu den Knöcheln. Romeo und Brazil feixen und johlen, verlangen, dass sie alles auszieht, was sie auch macht, als Soby damit droht, ihr eine einzuschenken. Sie sitzt jetzt völlig nackt da, umringt von den vieren, die sie begaffen und verhöhnen, und ganz kurz denkt sie daran wegzulaufen.

Soby kniet sich hin, biegt ihre Beine auseinander und während die anderen eine Rakete zünden, bumst er Debbie. Als er fertig ist, kommt Romeo zum Zug, doch Debbie bittet ihn um eine Dröhnung, er jedoch meint, wenn sie so dringend eine Ladung braucht, dann soll sie seinen Schwanz lutschen, sagt's und schiebt ihn ihr den Mund. Brazil sieht zu, raucht und zittert und jedermann sieht, wie durchgeknallt er ist. Debbie weint, während sie es Romeo besorgen muss, doch niemand verlangt von ihr, damit aufzuhören, denn es ist ein Mordsspaß. Brazil zerrt Debbie auf die Knie, drückt sie nach vorn und schiebt ihr seinen Schwanz hinten rein, und jetzt fängt Debbie an zu wimmern, als würde sie innerlich aufgerissen. Das Gesicht zerschürft, das Haar verklebt, die Wangen beschmiert mit einer Mischung aus Tränen und Dreck, dazu Brazil, der bei jedem brutalen Stoß mit den Fäusten auf ihren Rücken eindrischt. Während er sie von hinten vergewaltigt, setzt ihr Soby die Pfeife an die Lippen, doch sie nimmt keinen einzigen Zug. Brazil rutscht heraus, hebt Debbies Slip auf und macht sich damit sauber. Debbie bricht zusammen und bleibt auf der Seite liegen, ein Häufchen Elend. Nun beschwert sich Cremont lauthals, dass er immer zuletzt drankommt, doch Romeo blafft ihn an, er soll gefälligst das Maul halten und die Schlampe ficken, dann zündet er eine neue Rakete. Als Cremont fertig ist und von ihr ablässt, rollt Debbie sich auf den Bauch und weint in ihre verschränkten Arme. Die vier sind bereits im Begriff zu verschwinden, als Brazil plötzlich seinen Schwanz herausholt und Debbie von oben bis unten anpinkelt. Soby wirft noch ein paar Raketen auf den Boden, neben ihren Kopf, dann machen sie sich davon.

Romeo steckt den Schlüssel ins Schloss, doch als er die Tür aufmacht, hängt die Kette davor. Er hämmert gegen die Tür, schreit wie ein Irrer. Cremont macht einen Schritt zurück, will die Tür eintreten, und in dem Moment, als der alte Rutherford an die Tür kommt, wird sie aufgestoßen, knallt gegen sein Gesicht und schickt ihn zu Boden. Sie stürzen hinein und belagern ihn wie die Geier. Der alte Rutherford ist mehr als angeschlagen, blutet aus der Nase und als er sich langsam aufsetzt, spuckt er einen Zahn aus. Romeo zieht ihn hoch, auf die Füße, zerrt ihn weiter und stößt ihn auf die Couch, so brutal, dass der alte Mann mit dem Kopf gegen die Wand knallt und ihm schwarz wird vor Augen. Unterdessen holt Brazil Sachen aus dem Kühlschrank und wirft sie auf den Boden. Romeo und Soby nehmen sich die Schubladen vor, auf der Suche nach Dingen, die sie möglicherweise am Dienstag übersehen haben, während Soby Kleidungsstücke aus Schränken und Schubladen reißt und durch den Raum schleudert, und der alte Rutherford sitzt auf der Couch und beobachtet Cremont, der eine Rakete zündet. Brazil schnappt sich die Flasche mit Hustensaft, leert sie in einem Zug, bevor er sie an die Wand schmeißt, direkt über Mr. Rutherford, der sich zitternd die Glassplitter aus dem weißen Haar klaubt. Romeo setzt sich neben ihn, legt ihm den Arm um die Schultern, als wären sie alte Freunde, und verlangt mit einem breiten, schmierigen Grinsen den Scheck. Das Grinsen verflüchtigt sich, als Rutherford stotternd erklärt, der Scheck ist fürs Essen und die Miete draufgegangen. Die anderen verlegen sich auf drohende Töne, denn auch sie sind nicht sonderlich erbaut über die Botschaft. Brazil zückt sein Messer, lässt es aufspringen, und als Rutherford fast die Augen aus dem Kopf fallen, bedeutet Romeo seinem Kumpel, sich zurückzuhalten. Mit leiser, ruhiger Stimme setzt er Rutherford auseinander, dass das wohl gegen die Regeln verstößt, dass die Regeln besagen, er gibt ihnen den Scheck und sie entscheiden, wann er seine Miete zahlt, wann er sich was zu essen kauft. Bevor Rutherford irgendetwas darauf erwidern kann, reißt ihm Romeo ein Büschel Haare aus und schlägt ihm ins Gesicht; dabei landet etwas Rotz auf Romeos Hand, woraufhin er Rutherford am Hemd packt und quer durchs Zimmer schleudert, wo Brazil schon wartet und dem Alten den Fuß so lange gegen die Kehle presst, bis ihm das Abendessen, Toast und Tee, hochkommt. Rutherford liegt am Boden, weint, bittet Gott um Erlösung, denn wie kann es sein, dass er sein Leben lang ehrliche Arbeit verrichtet, seine Steuern bezahlt, sich immer richtig verhalten hat, um am Ende diesen teuflischen Ungeheuern auf Gedeih und Verderb ausgeliefert zu sein? Soby kommt aus dem Bad; ein Klistier in der Hand, geht er zu Rutherford und zieht ihm die Hosen herunter. Während Soby das Klistier einführt, presst Brazil weiter seinen Fuß gegen die Kehle des alten Mannes, der die ganz Zeit verzweifelt mit der flachen Hand auf den Boden schlägt. Derweil hocken Romeo und Cremont auf der Couch, sehen fern und Cremont holt sich einen runter und zielt zu guter Letzt auf Teri Garrs Gesicht auf dem Bildschirm. Soby drückt den Beutel ein letztes Mal, drückt ordentlich zu, und Rutherford krümmt sich am Boden, entleert sich, viel ist es jedoch nicht, was er da produziert. Endlich lassen sie ab von ihm und er schleppt sich wie ein geprügelter Hund ins Bad, wo bereits seit Wochen die Toilettenbrille fehlt. Er quält sich auf das nackte Porzellan und erleichtert sich. Soby will ein Fenster öffnen, doch es klemmt, also nimmt Brazil ein leeres Senfglas und wirft es durch die Scheibe. Im Bad schlägt Rutherford die Hände vors Gesicht, weint und denkt daran, sich das Rasiermesser an die Kehle zu setzen, denn er weiß nicht, wie lange er das alles noch ertragen kann. Romeo kommt ins Bad und fängt fast an zu kotzen. Er droht Rutherford damit, dass wenn noch ein einziges Mal die Kette vorgelegt ist oder er den Scheck nicht parat hat, wenn er die Bullen informiert oder irgendwem sonst erzählt, was hier abgeht, er kopfüber aufgebaumelt wird, nackt, und so lange mit Rasiermessern bearbeitet wird, bis er an seinem eigenen Blut krepiert, das ihm in die Nase läuft. Bevor sie gehen, nimmt Brazil den Fernseher und wirft ihn aus dem Fenster, hinunter in den Durchgang. Als Romeo die Tür hinter sich schließt, hört er Rutherford im Bad wimmern wie ein Weib.

Caesars Limousine fährt vorbei und Cremont meint, Ceasar ist 'ne Schwuchtel, weil er immer Lila trägt. Brazil zielt mit einer Flasche auf den Wagen, verfehlt ihn jedoch und die Flasche zersplittert auf der Straße. Bis zum Morgen hängen sie ab, rauchen und krakeelen, pflaumen jeden an, der vorbeikommt. Auf dem Weg nach Hause kommt es Romeo vor, als hätte es Ledell nie gegeben.

Seine Mutter schläft auf der Couch, als er sich in die Wohnung stiehlt. Joy ist nicht da, treibt es vermutlich mit jedem Mistkerl, der sie haben will. Er geht in sein Zimmer, und in der dämmerigen Stille des Morgens macht er sich daran, Ledells Sachen wegzuräumen, klappt das Faltbett zusammen, löscht jede Spur von Erinnerung aus, bis auf das Foto am Spiegel, das sie beide in ihren Farben zeigt und wo Romeo sich ein Messer an den Hals hält. Dieser Idiot von Ledell hätte vorsichtiger sein müssen, mehr auf der Hut. Er war gerade mal elf Jahre alt. Romeo legt sich aufs Bett, die Füße noch in den Sneakers und die Hände hinter dem Kopf verschränkt, versucht er einzuschlafen. Doch immer wenn er die Augen schließt und sich bemüht abzuschalten, sind da die Geräusche. Der Knall, der Schrei, das Rufen und Lärmen, der ganze Block in Aufruhr – die Bilder schießen hervor wie Blut aus einer verletzten Hauptschlagader, er selbst, Romeo, mit gezogener Waffe und den Bewegungen einer Katze, auf der Suche nach jedem Arschloch, das sich davonmachen will, er sieht die Frau, ihre Hand vor dem Mund, sie schreit, versucht, den Blick von dem Körper zu lösen und kann es doch nicht, das kleine Loch im Nacken, weil, auf diese Weise wird so etwas jetzt erledigt, und Romeo kniet sich hin, sieht den schaumigen Speichel, der aus dem Mund seines Bruders quillt, sieht das Blut aus dem Loch im Nacken fließen, und er hält ihn an sich gepresst, versucht, ihn mit Schlägen ins Gesicht zurückzuholen, und alles steht herum, wenn auch im gebührenden Abstand, die Truppe kommt angelaufen, bezieht Position, die Waffen gezückt, bereit, jeden abzuknallen, der sich nähern will, und Romeo spürt das Gewicht des leblosen Körpers in seinen Armen und er legt ihn sacht aufs Pflaster, steht auf und wischt sich das Blut von der Hose, Sirenengeheul, nur wenige Blocks entfernt, er schnappt sich seine Waffe und haut ab, die anderen setzen hinterher.

Romeo liegt da, schweißgebadet, ist hellwach, obwohl sein Körper völlig erschöpft ist. Sein Herz wummert und innen drinnen lodert die Wut, Romeo muss etwas tun, bevor es ihn verschlingt. Er hört, wie seine Mutter aufsteht, ins Bad geht, dann kurz die Toilettenspülung, und seine Mutter legt sich wieder hin. Er zündet eine Rakete am Fenster und irgendwann schläft er ein, das Weinen seiner Mutter als Hintergrundmelodie.

Am nächsten Tag will Sammy sie sehen, und Romeo sagt ihnen, sie sollen pünktlich sein, Treffen mit Sammy sind wichtig. Sammy sitzt inmitten seiner Helfershelfer und Bazooka-Jungs; Luckyfoot portioniert die Base und da liegt ein Haufen von dem Zeug herum, dazu Automatikwaffen und stapelweise Bargeld. Auch Sammys Mutter ist da, und als sie ihre Handtasche öffnet und nach einem Taschentuch sucht, sieht Romeo eine 9 mm Halbautomatik mit schimmerndem Goldgriff. Sammy möchte, dass sie einen Job für ihn erledigen, und als Brazil fragt, weshalb er seine Bazooka-Jungs nicht dafür einspannt, erwidert Sammy, Fragen schaden mitunter der Gesundheit, doch er sagt es mit einem Lächeln. Alles knallt sich zu mit dieser erstklassigen Base, und Sammy lässt Romeo wissen, wie leid ihm die Sache mit seinem Bruder tut und dass er alles daransetzt, dass der Wichser, der es getan hat, dafür büßt. Er erklärt, wie sehr es zu schätzen weiß, dass Romeo und die drei anderen die Gegend klarmachen für seine Bazooka-Jungs und dafür sorgen, dass keiner aus der Reihe tanzt, und er wünschte, es wäre überall so, aber so ist es leider nicht. Er erzählt von diesem Typ namens Pepperton, der ihn abnervt. Pepperton sei ein Abnehmer großer Mengen und Sammys letzte Lieferung sei mies gewesen, weil irgendwelche Chemiker Mist gebaut hätten, und als Pepperton sein Geld zurückverlangt habe, habe Sammy gesagt: keine Chance. Nun

drehe Pepperton völlig am Rad und knalle die Leute ab
wie Tontauben. Sammy ist fertig und für einen Augenblick ist es totenstill im Raum, bis Romeo meint, Sammy
soll sich mal keinen Kopf machen. Der lächelt und geht
hinüber zu seiner Mutter, die alles beobachtet hat. Sie öffnet ihre Handtasche, nimmt die goldene Knarre heraus,
ein wunderschönes Stück, echt mal jetzt, und als Sammy
Romeo die Waffe gibt, fallen Brazil fast die Augen aus
dem Kopf. Romeo spürt die Waffe in seiner Hand, sieht,
wie sie im Licht schimmert, und als er Sammy ansieht,
hat er Tränen in den Augen. Der kichert vor sich hin und
gibt jedem tausend Dollar.

Als sie durch die Seitengasse gehen, entfernt Romeo
das Magazin und jeder darf mal den Abzug drücken.
Brazil hätte es gern mit einer Kugel probiert, doch
Romeo stellt klar, dass er der Erste sein wird, woraufhin
Brazil ihn als Flachwichser bezeichnet. Es ist kurz vor
drei, also gehen sie zur Schule. Vor der Schule lungert
Cokie Cola herum und vertickt Crack und Marihuana
an die Masse der Lernwilligen. Soby grinst vor sich hin,
denn Cokie steht hier seit einer gefühlten Ewigkeit und
wird sie vermutlich alle überleben. Im Vorbeigehen sagt
Romeo zu Cokie, dass er ganz schön an Gewicht gewinnt, und er meint damit nicht im Drogenhandel.
Cokie grinst breit und sagt, sie sollen mal zusehen, dass
sie die Schule beenden und ihre Abschlüsse machen,
woraufhin Brazil zurückgibt, Cokie soll die Leiche seiner
toten Mutter ficken. Romeo schiebt sich durch die
Menge, sieht sich nach allen Seiten um wie ein Hai im
Wasser, und sollte er nur eine Fresse entdecken, die ihm
nicht gefällt, wird er sie einschlagen. Die Kids krakeelen,
rufen einander zu, einige lassen den Ball springen und

mittendrin Romeo, der sich plötzlich vorkommt wie ein alter Mann. Er geht durch die Seitentür und sieht Mrs. Hennonlot mit diesen klasse Waden und den Stöckelschuhen, und wie damals, als er noch zur Schule ging, verspürt er wieder den mächtigen Drang, sie durchzuficken – wäre es doch nur dunkel und sie allein. Brazil zieht ein Mädchen aus der Menge, spricht mit ihr am Tor, und wie es aussieht, handelt es sich um etwas Privates. Jemand tippt Romeo von hinten an und für einen Moment ist Romeo versucht, seine Faust sprechen zu lassen, doch etwas hält ihn ab. Als er sich umdreht, lächelt Becky ihn an und der Ausdruck in seinen Augen verrät ihr, dass sie kurz davor gewesen ist, eine eingeschenkt zu bekommen.

»Du würdest mich nicht schlagen, oder?«

»Scheiße, wenn ich nicht wüsste, dass du's bist, schon.«

»Da lässt aber einer den Harten raushängen«, sagt sie sarkastisch. Sie wirft ihm einen Blick von der Seite zu und Romeo grinst. Becky ist die Einzige, die so etwas darf. Sie gehen durch das hintere Tor und über das Gelände. Romeo zündet eine Rakete für sie beide. Bei den Sicherungskästen hinter den Gebäuden gibt es einen Flecken Gras. Romeo nimmt Becky in den Arm und als er ihre dunklen Augen sieht, ihre weichen runden Wangen, die so glatt sind wie Schokoladeneis, weiß er, wenn es eine Person auf der Welt gibt, die er nicht verletzen will, dann ist sie es. Er küsst sie, drängt sie sanft nach unten, und sie schaut hoch zu ihm, fragt kokett, was er denn vorhat. Sie treiben es miteinander. Anschließend liegt Romeo auf der Seite und jedes Mal, wenn ihrer beider Blicke sich begegnen, fragt er sich, wie es sein kann, dass er sie in einer Minute so wahnsinnig liebt und in der nächsten hasst. Er liegt auf dem Rücken, die Hände hinterm Kopf, und starrt auf die Hochspannungskabel. Er will sie noch einmal ficken, aber brutal diesmal, will ihr wehtun und den sanften Ausdruck in ihrem Gesicht auslöschen, will sie weinend zurücklassen, mit wunder Muschi. Stattdessen sagt er, sie soll ihm einen blasen, was sie ablehnt.

»Was hast du für 'n Problem? Gerade eben hast du mir die Scheiße aus dem Leib gefickt und jetzt willst du mir nicht mal einen blasen.«

»Weil du dich aufführst wie ein Schwein, deshalb!«

»Ja, gerade deshalb! Also stell dich nicht so an, blas mir einen!«

»Nein, mach's dir doch selbst.« Sie setzt sich auf und knöpft ihre Bluse zu, und als sie bemerkt, dass Romeo sie beobachtet, dreht sie sich um.

»Erst geilst du einen auf, dann lässt du einen hängen! Ich könnte dafür sorgen, dass du's machst.«

»Leck mich. Ich blase dir keinen, ich würde es nicht mal tun, wenn ich am Verhungern wäre und dein Zeug das einzig Essbare auf der Welt.«

Sie steht auf und macht ihre Hose zu. Romeo ist klar, dass es ihr völlig ernst ist, egal, ob er sie vergewaltigt oder damit droht, sie umzubringen, sie wird ihre Meinung nicht ändern. Das ist es, was er an ihr liebt. Das macht ihn an. Als sie wortlos davongeht, sieht er ihr nach und denkt, dass er sie wahnsinnig gern noch mal besteigen würde, dass er sie liebt und ihr ein Kind machen will, dann würde sie ihm gehören; sie wäre abhängig von ihm, er könnte sie irgendwohin bringen, vielleicht in Rutherfords Bude, dann könnte er sie besuchen, so tun, als wäre er ihr Ehemann, könnte aber auch einfach abhauen, wenn ihm danach wäre. Er steht auf, pinkelt an die Sicherungskästen und geht dann zu den anderen.

Tipsy, Cremonts Bruder, steht vor dem Laden, raucht sein billiges Gras, als Romeo näherkommt und ihm auf den Hinterkopf schlägt. Tipsy fährt herum und meint, Romeo soll aufpassen, dass er nicht gleich einen Tritt in den Arsch bekommt, was Romeo postwendend mit verhaltenen Schlägen und ein paar sanften Knuffen quittiert. Als Tipsy sich der Finger in seinem Gesicht nicht mehr erwehren kann, meint er, es tut ihm leid, und reicht Romeo den Joint. Romeo nimmt einen Zug und fängt gleich an zu spucken.

»Was für 'ne Scheiße rauchst du da? Dünnschiss?«

»Nein, die Schamhaare von deiner Mutter. Hab sie mir gestern Abend besorgt, als sie meinen Schwanz gelutscht hat.«

»Will mal hoffen, dass sie geschluckt hat, meine Mutter säuft das Zeug nämlich.«

»Worauf du einen lassen kannst«, feixt Tipsy. »Und sie hat gemeint, du hast es ihr beigebracht.«

Bevor Tipsy sich versieht, hat Romeo ihn im Schwitzkasten. Tipsy sagt, dass es ihm leid tut und dass es nicht so gemeint war, dabei lacht er die ganze Zeit und Romeo versetzt ihm Dutzende von Kopfnüssen. Als Cremont mit einem Sixpack unter dem Arm aus dem Laden kommt und sieht, wie Romeo seinen Bruder im Schwitzkasten hat, fängt auch er an, Tipsy in den Magen zu knuffen; Tipsy bekniet die beiden, sie sollen ihn gehen lassen, er wird nie wieder etwas sagen, doch das kaufen sie ihm nicht ab. Romeo fordert Passanten auf, Tipsy ein paar zu verpassen, und die meisten kommen dem sogar nach. Dann nimmt Romeo Tipsys Kopf zwischen beide Arme, quetscht ihn, bis Tipsy schreit, seine Ohren werden zerdrückt, doch Romeo drückt weiter zu, und je heftiger Tipsy sich wehrt, desto stärker quetscht Romeo seinen Kopf. Langsam wird aus Spaß Ernst, denn Tipsy fängt an zu heulen, während Cremont nur dasteht, das Ganze beobachtet und sein Bier trinkt. Romeo nimmt Tipsy erneut in den Schwitzkasten, schnappt sich Cremonts leere Dose und hämmert damit gegen Tipsys Kopf, und jetzt gerät Tipsy außer sich, versucht mit aller Kraft, sich zu befreien, doch Romeo lacht nur und drückt fester zu. Endlich lockert er seinen Griff und Tipsy bricht auf dem Bürgersteig zusammen, hält sich die roten, geschwollenen Ohren. Als er hochblickt, bemerkt er, dass Romeo und Cremont sich ausschütten vor Lachen, und er beschimpft sie als schwule Säue, die sich gegenseitig die Schwänze lutschen und anschließend in die Ärsche schieben. Romeo macht eine Bewegung und Tipsy sieht zu, dass er Land gewinnt, während Cremont vor sich hin feixt.

Romeo geht in den Laden, greift sich ein Sixpack und als er am Tresen vorbeigeht, sagt er zu Ravi, er soll es auf den Zettel schreiben, auf einen Zettel, der nicht existiert, doch solange Ravi sie umsonst mit Bier versorgt, scheint seine Schaufensterscheibe aus Panzerglas zu sein. Sie gehen um die Ecke zum Pot Store, marschieren im Takt, als hämmerte der Beat in ihren Köpfen, und stoßen auf Clara Lugo und ihre mordsmäßigen Dinger. Romeo wirft ihr ein Bier zu, meint, er lasse sich später noch mal blicken wegen der Nummer mit dem Blowjob, doch sie rät ihm, sich zu verpissen. Im Pot Store kassiert Boots gerade zwei Packungen Camel und etwas Pot bei einer flachbrüstigen minderjährigen Nutte ab. Als sie den Laden verlässt, ruft Romeo ihr hinterher, dass Zigaretten schlecht für die Titten sind.

Brazil zieht sich einen Joint nach dem anderen rein, bis seine Lunge schmerzt, doch es will und will nicht knallen. Er kippt ein Bier, zündet eine Rakete und hätte er einen Ziegelstein zur Hand, würde er seinen Kopf damit bearbeiten, weil er immer noch nicht stoned ist. Sie machen sich auf den Weg zu Soby, weil Cremont meint, Soby geht es nicht gut. Der liegt auf der Couch, ein Bier in der Hand und ein Stechen in der Milzgegend. Brazil fängt an, einen Joint zu bauen, zerbröselt einen Stein und streut es in den Joint, doch Cremont hält es für eine Scheißverschwendung, Crack und Gras zu mischen, aber Brazil sagt ihm, er soll den Schwanz von seiner Mutter lutschen. Er zündet den Joint an, alle inhalieren, selbst Cremont. Sobys Mutter kommt aus dem Schlafzimmer und als sie alle rauchen und trinken sieht, verzieht sie sich dorthin zurück. Romeo sagt, Zeit für eine Kollekte, und niemand hält dagegen. Soby steht auf, zieht seine Hose an, nimmt sein Medikament – drei Tabletten mehr als vorgesehen – und dann entreißt Brazil ihm die Flasche, schluckt die restlichen sieben auf einmal. Wenn Codein auch nicht wirkt, denkt er sich, bin ich wahrscheinlich tot.

Ganz in der Nähe von Beckys Haus stehen eine Menge Leute auf dem Bürgersteig, haben einen Kreis um etwas gebildet. Romeo und die anderen gehen vorbei und da liegt eine überfahrene Katze, die Augen geschlossen, die Zähne zusammengebissen. Eine alte Frau ist in Tränen aufgelöst und Romeo sagt, ist doch nur 'ne Katze, Lady. Völlig fasziniert starrt Brazil auf das tote Tier und reagiert nicht, als Romeo ihn ruft. Joy kommt um die Ecke, und als sie ihren Bruder samt Freunden sieht, wechselt sie die Straßenseite. Soby sagt, er möchte sie mal so richtig rannehmen, und für einen Moment denkt Romeo daran, es ihm zu gestatten, dann aber sagt er, wenn sie einverstanden ist, können gern alle mal, aber vergewaltigen ist nicht drin. Soby ruft ihr hinterher, doch sie ignoriert ihn. Brazil stolpert nur so durch die Gegend, kann kaum einen Fuß vor den anderen setzen und seine Augen sind rote Schlitze. Aus seinem Mund kommt Schaum, und als sie in der Pappe-Stadt sind, kotzt er auf seine Sneakers. Romeo deutet auf die Stelle, wo er das Drecksding beinahe allegemacht hat, sieht sich um, kann aber die Holzlatte nicht finden. Jetzt kommt auch noch Tipsy angelaufen, und während er an ihnen vorbeizieht, brüllt er ihnen zu, dass sie aus der Hölle entsprungene Nazischwuchteln sind und ihre Mütter madenverseuchte Elchschwänze lutschen und dass er ein Ei gelegt hat und aus seiner Scheiße ihre Väter entstanden sind. Er macht weiter, mit derart krankem Zeug, niemand kann verstehen, was er verdammt noch mal meint. Romeo zieht seine Waffe und zielt auf Tipsy, doch Cremont packt Romeo am Arm und sagt, er soll mal runterkommen. Tipsy macht sich aus dem Staub, keine Sekunde zu früh.

Vor dem China-Restaurant, an Caesars Limousine gelehnt, steht Chantaka. Als sie Romeo und die anderen im Anmarsch sieht, drückt sie ihre Zigarette aus und fängt an, mit den Perlen um ihren Hals zu spielen. Romeo kann das süße Parfum riechen, als er mit seinen Fingern durch Chantakas zu dünnen Zöpfen geflochtenes Haar fährt. Er sagt ihr, dass er sie so was von umwerfend findet, und fragt, warum sie mit ihrem afrikanischen Aussehen, mit diesem langen, bunten Kleid und behangen mit kiloweise Perlen und Ketten überhaupt für Caesar arbeitet. Cremont will wissen, ob Caesar heute Lila trägt, und als Chantaka ja sagt, fangen alle an zu lachen. Romeo rückt ihr so dicht auf den Leib, dass sie seinen Schwanz an ihrem Bein spürt. Sie lässt ihren Finger darüberwandern und lächelt Romeo an. Soby und Brazil stehen stumm daneben; Chantaka hat so viel Klasse, das macht die beiden in mehr als einer Hinsicht impotent. Romeo fragt, wie es mit einer Verabredung aussieht, und sie kichert, meint, sie ist zu alt für ihn, woraufhin Romeo erwidert, dass er auf ältere Frauen abfährt und außerdem ist sie erst zweiundzwanzig. Das soll er mit Caesar ausmachen, sagt sie, doch Romeo stellt klar, dass er keinen Termin will, er will eine Verabredung, also kichert sie wieder und zwickt ihn sanft in die Spitze seines Schwanzes. Jimbo kommt aus dem Restaurant, einen Beutel Nudeln in der Hand, und als er Chantaka derart umringt sieht, sagt er, sie sollen ihre verdammten Griffel von der Handelsware lassen, doch Romeo kontert, Jimbo soll die Fresse halten, bevor ihn noch eine verirrte Kugel ausschaltet. Jimbo bezeichnet ihn als kleinen, blutigen Anfänger, doch als Romeo zuckt, springt Jimbo in den Wagen und verriegelt alle Türen. Chantaka lacht, sagt zu Romeo, er soll sich anständig benehmen, und schon ist Romeo ruhig. Caesar kommt heraus, eine lila Krawatte um den Hals, und Cremont bricht in Gelächter aus, nur blickt Caesar überhaupt nicht, weshalb. Er blafft sie an, sie sollen aufhören, sich über seinen Fahrer lustig zu machen, und überhaupt, wo ist ihr Problem? Romeo blafft zurück, Caesar soll seinem Schöpfer danken, so

eine Traumfrau um sich zu haben, die ihm zu Klasse ver-
hilft, weil er so wertvoll ist wie ein benutzter Gummi.
Caesar bezeichnet Romeo als armen dummen Nigger
ohne jede Chance, je fünfzehn zu werden. Er rotzt
Chantaka an, ihren Arsch in das verdammte Auto zu
bewegen, und als sie einsteigt, wirft sie Romeo einen
Blick zu, und er vermag nicht zu sagen, ob das Glitzern
in ihren Augen bedeutet, dass sie verliebt in ihn ist oder
dass sie einfach nur seinen Schwanz lutschen will.

Auf dem Weg nach oben kotzt Brazil zweimal ins
Treppenhaus und Romeo reagiert allmählich genervt,
sagt, Brazil soll draußen warten, doch Brazil kriegt sich
in den Griff und meint nur, leck mich! Von draußen
kann man den Fernseher hören, also fängt Cremont an
zu drängeln, schließlich will er *Green Acres* nicht verpassen. Romeo klopft an die Tür. Eine Stimme fragt: »Wer
ist da?«

»Die Avon-Beraterin. Sie ist hier, um dir einen zu blasen.«

Nichts passiert, und Romeo ruft: »Was ist los?«

Es tut sich was, die Tür geht langsam auf. Harold Lad-
ley steht da, der Blick seiner Augen in dem eingefallenen
Gesicht verängstigt, dennoch bringt Harold ein armseli-
ges Lächeln zustande. Er macht einen Schritt zur Seite,
bittet die vier hinein und fragt, weshalb sie den Schlüssel
nicht benutzt haben. Romeo erklärt, er hat ihn, Harold,
nur testen wollen und dabei hat er gut abgeschnitten.
Cremont geht geradewegs zur Couch, während Soby die
Schubladen inspiziert und Brazil den Kühlschrank, doch
als er die Lebensmittel sieht, kotzt er sofort auf die Eier.
Harold fragt ihn, ob er etwas Pepto-Bismol möchte, doch
Brazil schiebt ihn einfach beiseite. Harold bittet Soby,

das silberne Kreuz seiner Mutter behalten zu dürfen,
doch Soby ist der Ansicht, wenn Harold es unbedingt
behalten will, hätte er es verstecken müssen, schließlich
gehört alles, was sie finden, ihnen, sagt's und steckt das
Kreuz in die Tasche. Von der Couch aus schreit Cremont, Harold soll mal ein Bier rüberwachsen lassen,
doch der hat keins. Inzwischen kotzt sich Brazil im Badezimmer die Seele aus dem Leib, Romeo geht rein, zieht
die Spülung, fischt anschließend eine Rakete aus Brazils
Brusttasche und zündet sie. Er reicht sie weiter an
Harold, der sich geehrt fühlt, ungelenk daran zieht, aber
nicht inhaliert. Romeo sagt, gib es schon her, und für
einen winzigen Moment weiß Harold nicht, was Romeo
meint. Dann greift er hinter den Heizkörper, holt seine
Flasche mit Pillen hervor, Antidepressiva auf Rezept,
denn Harold ist krank im Kopf und trägt stets ein Puls-
band, um die Narben zu verbergen. Romeo klopft ihm
auf den Rücken und Harold gluckst, fühlt sich, als
gehöre er dazu. Brazil lehnt an der Wanne, meint, jetzt
will er flachgelegt werden, worüber Romeo nur lachen
kann, weil Brazil, wie er sagt, nicht mal einen Ständer
bekommt, und als auch noch Harold zu feixen anfängt,
wird Brazil sauer und schlägt ihm voll in die Eier. Nun
nimmt sich Soby Harolds an, zieht ihn aus dem Badezimmer und durchsucht seine Taschen, und als er lediglich vierzig Dollar findet, stößt er ihn zu Boden. Mit Tränen in den Augen verkriecht sich Harold in eine Ecke,
also geht Romeo zu ihm, sagt, dass ihm das leid tut, die
Jungs hätten es nicht so gemeint. Harold fährt sich über
die Augen und Romeo meint, sie könnten echt gute
Freunde sein, wenn Harold mehr Geld hätte, keiner
würde ihm dann wehtun, er wäre ein richtig cooler Typ

und auch das mit dem Vögeln könnten sie für ihn arran-
gieren. Romeo hilft Harold hoch und erklärt ihm in
ruhigem Ton, dass er es rausrücken soll. Harold geht
zum Kühlschrank und öffnet ihn seufzend. Im Gemüse-
fach, unter den verschrumpelten Tomaten, liegen die
zweihundert Dollar seiner Invalidenrente. Romeo wirft
Soby einen Blick zu und beide müssen grinsen. Harold
gibt Romeo das Geld, und der legt den Arm um Harolds
Schultern, sagt ihm, dass er das richtig gut gemacht hat.
Er sagt ihm auch, dass er sich jetzt in die Ecke verziehen
und sich nicht rühren soll, bis man es ihm gestattet, und
als Harold das tut, verlangt Soby, dass Harold sich zur
Wand dreht. Brazil liegt unterdessen in der Wanne, hat
die Brause aufgedreht und tut so, als wäre es das Nor-
malste überhaupt, angezogen in der Wanne zu liegen.
Brazil sagt, er will jetzt einen wegstecken und dass er
jede Schlampe dutzendmal öfter ficken kann als Romeo,
egal wie abgefuckt er sich fühlt. Romeo gibt Soby die
zweihundert Dollar und den Auftrag, mit Raketen und
Stacy zurückzukommen, und als Brazil den Namen
Stacy hört, heult er los wie ein Wolf. Cremont brüllt
Soby noch hinterher, er soll Bier mitbringen; aber Colt,
nicht diese Old-England-Scheiße. Er hockt auf der
Couch, sieht fern und ritzt mit seinem Messer Haken-
kreuze in die Polster. Als sein Blick zufällig auf Harold
fällt, der schaukelnd am Boden sitzt, kommt ihm die
Idee, Harold ein Hakenkreuz in den Rücken zu ritzen,
aber irgendwie ist ihm nicht nach Aufstehen. Romeo
sitzt in der Küche, zündet seine letzte Rakete und hört,
wie Brazil im Badezimmer vor sich hin stöhnt, doch er
will nicht einmal wissen, was Brazil dort veranstaltet,
geschweige denn sehen. Romeos Gedanken schweifen

ab, hin zu Becky und er wünscht, sie wäre hier. Er hätte Soby sagen sollen, dass er sie mitbringt, aber sie würde niemals herkommen, und wenn, würde wahrscheinlich jeder sie ficken wollen und um das zu verhindern, müsste er sie alle umbringen, mit seiner schimmernden Goldpuste, und dabei fällt ihm ein, dass er noch etwas zu erledigen hat, für Sammy, und wahrscheinlich hat der ihm das Ding nur deswegen gegeben. Er überlegt, seine Mutter umzubringen und ihre Leiche irgendwohin zu schaffen, schließlich ist sie selbst schuld, hat sich selbst in diese Lage gebracht, wo sie ihnen nichts, aber auch gar nichts bieten kann. Ledell und Rodney gehen auch auf ihr Konto, und jedes Mal wenn sie und Joy ihn mit diesen vorwurfsvollen Blicken ansehen, möchte er ihnen am liebsten Säure in die verdammten Visagen schütten und sehen, ob ihnen das gefällt. Er fragt sich, warum er so von Grund auf versaut ist, denn er kann sich nicht erinnern, jemals anders gewesen zu sein. Was steckt da in ihm drin, was ihn so durchknallen lässt, ihn dazu bringt, all das zu tun, was er tut, und auch noch Spaß daran zu haben? Sollen sie doch denken, was sie wollen, Joy und seine Mutter, er hat versucht, auf seine Brüder Obacht zu geben, hat ihnen etwas beigebracht, so gut er konnte. Und er vermisst sie, vor allem Ledell. Scheiße, Ledell. Er hat niemandem was getan, hat es nicht verdient, und wenn es möglich gewesen wäre, hätte Romeo an Ledells Stelle die Kugel kassiert. Und verdammt noch mal, er muss diesen Mistkerl finden, denn mit jedem Tag, der vergeht, wird es schwieriger. Doch bevor er diese Kleinigkeit für Sammy nicht über die Bühne gebracht hat, kann er ihn auch nicht um Hilfe bitten. Romeo merkt, dass er runterkommt, das Kribbeln in den Beinen wird schwächer und er spürt wieder Boden unter den Füßen, und als er Harold in der Ecke schaukeln sieht wie einen Zurückgebliebenen, möchte er ihm etwas antun, möchte ihn vielleicht sogar umbringen.

Soby schneit mit Stacy herein, stellt die Tasche auf der Couch ab, packt dreiundzwanzig Raketen aus, und als Stacy die sieht, könnte man meinen, sie wird gerade mächtig nass zwischen den Beinen. Romeo taxiert sie und ist der Meinung, dass sie mit dem neuen Kurzhaarschnitt, diesem pseudomännlichen Look, einen großen Fehler gemacht hat. Aber ihr Arsch ist immer noch geil. Brazil kommt aus dem Bad und Stacy fragt, wie er ihren neuen Haarschnitt findet, und er sagt, sie sieht damit aus wie ein Ubangi-Mann aus dem Dschungel, und bevor sie etwas darauf erwidern kann, hat sie es mit Brazils Zauberstab zu tun.

Das Ganze gerät zu einer Drogenorgie mit wildem Sex, denn Stacy poppt mit allen, lutscht jedem den Schwanz, manche Stellungen erinnern an geometrische Figuren, sie treiben es zu viert und stellen olympische Rekorde auf; Stacy wird durchgenommen, was das Zeug hält, und solange es Raketen gibt, vögelt sie. Die ganze Zeit über sitzt Harold in seiner Ecke und Soby macht klar, nur ein flüchtiger Blick nach hinten und man schneidet ihm den Schwanz ab und schiebt das Ding in seinen Arsch, also hockt Harold da und weint die Wand an. Brazil pinkelt aus dem Fenster – Scheiße, was machst du da?, fragt Cremont, vielleicht sind Kinder unten, doch Brazil erwidert, wenn's ihm nicht gefällt, soll er rüberkommen und das Zeug wegsaufen. Romeo setzt sich auf, er kann nicht mehr, sein ganzer Körper schmerzt und schreit nach einer Pause, und Romeo fragt sich, wie Stacy das durchhält, schließlich leistet sie doppelt so viel. Gerade dreht Soby sie in die Position, um sie von hinten zu nehmen, und als er loslegt, schlägt er gleichzeitig ihren Kopf gegen die Wand. Das dumpfe Knallen des Kopfes, Stacys schweres Atmen, das Zittern in ihrer Stimme, all das verschafft Romeo einen veritablen Ständer, ihm dreht sich alles und er spürt innerlich eine derartige Kraft, er möchte das Universum zertrümmern. Er zieht sich seine Hose an, geht hinüber zu Harold, packt ihn an den Haaren und zerrt ihn hoch, auf die Füße. Harold fängt lautstark an zu heulen und bekommt umgehend von Romeo eine verpasst. Soby bemerkt den Ausdruck in Romeos Augen, zieht seinen Schwanz aus Stacy, die nach unten sackt, sich zusammenrollt und fragt, was los ist. Romeo lässt Harold mehrmals gegen die Wand prallen, versetzt ihm einen Schlag gegen die Kehle und Harold geht zu Boden, ringt nach Atem und streckt die Zunge heraus. Romeo baut sich vor ihm auf, verlangt, er soll sich verhalten wie ein Mann, doch Harold versucht wegzukriechen, aber Romeo bekommt ihn am Hemd zu fassen, stößt ihn auf die Couch, reißt ihn herum, zerrt ihm das Hemd vom Leib und schleudert es quer durch den Raum. Harold gerät völlig außer sich, weint in die aufgeschlitzten Polster und jetzt legt Romeo los, tritt Harold in die Seite, immer und immer wieder, und als Brazil aus dem Schlafzimmer kommt, verzieht sich sein Gesicht zu einem breiten, clownesken Grinsen. Harold gräbt sich in die Couch und Brazil löst Romeo ab, als der außer Atem ist und in die Küche geht, um nach etwas Wirkungsvollerem zu suchen. Derweil bemüht sich Brazil, Harolds Gesicht von den Polstern zu lösen, was nicht gelingt, also greift er sich ein Büschel Haare, reißt Harolds Kopf nach hinten und bevor Harold sein Gesicht wieder in den Polstern verstecken kann, versetzt ihm Brazil einen Schlag gegen die Wange. Romeo wirft Brazil eine Schere zu, der sich ohne lange zu fackeln daranmacht, an Harolds Haaren herumzuschnippeln, dabei zieht er heftig an ihnen, schneidet drauflos, egal, ob er zwischendrin die Kopfhaut erwischt oder die Ohren. Jetzt fängt er an, Harolds Rücken aufzuschlitzen; Harold brüllt, fährt panisch herum, das Gesicht verzerrt, nahezu entstellt und jedes menschlichen Ausdrucks beraubt. Brazil schnappt sich Cremonts Sneaker vom Boden, stopft ihn Harold brutal in den Mund, drückt und drückt, bis Harolds Augen aus den Höhlen treten, er mit den Armen zuckt – das Gesicht knallrot – und kurz davor ist, ohnmächtig zu werden, da erst zieht Brazil den Schuh heraus. Harold schnappt nach Luft und Romeo geht auf ihn zu, sagt, wenn er noch einmal schreit, war es das mit ihm. Umgeben von einer Rauchwolke, kommt Stacy mit Cremont und Soby aus dem Schlafzimmer. Harold schlottert, als hätte man ihn nackt in Alaska ausgesetzt, und Soby sagt zu Stacy, er zündet noch eine Rakete, wenn sie, Stacy, Harold einen bläst, und Stacy taxiert den bedauernswerten armen Harold, der nicht einmal mitbekommt, dass sie vor ihm stehen. Stacy sagt, Soby soll Harold die Hose ausziehen, und Soby und Cremont packen jeder ein Hosenbein, ziehen, bis Harold in seinen formlosen Boxershorts daliegt. Für den Rest ist sie zuständig, meint Soby, und Stacy kniet sich hin, zieht die Boxershorts herunter, und als sie Harold in den Mund nimmt, liegt er da, starrt geradeaus wie ein Zombie. Plötzlich landet ein Ei auf Harolds Brust, und als alle sich umdrehen, steht da Romeo am Spülbecken, lässt Wasser über Eier laufen und zielt anschließend damit auf Harold. Brazil greift sich zwei und schmeißt sie Harold an den Kopf. Stacy stellt das Blasen ein, denn Soby hat inzwischen die Rakete gezündet, und nachdem Stacy ihre Dröhnung intus hat, geht sie zum Kühlschrank, nimmt Sachen heraus und bewirft Harold damit. Und im Nu sind alle dabei, greifen sich, was sie in die Finger bekommen können, decken Harold damit ein, der nackt dasitzt, in einem Hagel aus Eiern und Ketchup, Senf und Käse, Salat, Fleischwurst und Dressing, Sülze und Eiswürfeln, und als der Kühlschrank leergefegt ist, durchforsten sie die Schränke, und es geht ein Regen nieder auf Harold aus Reis, Spaghetti, Cornflakes und Haferflocken, aus Pfannkuchenmischung und verschiedenen Gewürzen, aus allem möglichen Scheiß, Romeo kann es nicht fassen, was es hier an Lebensmitteln gibt. Als nichts mehr da ist, machen sie weiter mit Messern und Gabeln, die ersten vier Teile prallen von seinem Kopf ab, doch das fünfte Ding, eine Gabel, trifft Harold in die Schulter und bleibt stecken. Harald heult auf, nur nicht so laut diesmal. Brazil schnappt sich weitere Gabeln, versucht sie genau zu platzieren, Stacy macht es ihm nach und schnell entwickelt sich eine Partie Darts, an der sich auch Romeo mit Gabeln beteiligt. Er spürt ein Hochgefühl, das Sex und Drogen toppt, sein Schwanz ist hart und pocht und jeden Moment wird ihm einer abgehen, also greift er sich Stacy und lässt sich einen abkauen, während er weiter mit Gabeln wirft, und noch im Werfen wird ihm klar, dass er jetzt dem Paradies so nah ist, wie irgend möglich. Und genau in dem Moment, als er kommt, trifft er Harold mit einer Gabel seitlich am Kopf. Aus Stacys Mund läuft Sperma und Blut aus Harolds

Ohr. Brazil hat es satt, mit Besteck zu werfen, also nimmt er die leere Schublade, schlägt sie Harold über den Schädel und verletzt sich dabei an den Splittern. Zum Dank tritt er Harold ins Gesicht, und der rollt sich zusammen, wimmert und gibt Töne von sich, die keiner der fünf je gehört hat. Soby und Cremont stehen abseits, ballern sich zu und genießen die Show. Romeo sitzt auf der Fensterbank und versucht, wieder zu Atem zu kommen, dann steht er auf und pinkelt in den Herd. Harold hat aufgehört, sich zu bewegen, liegt völlig reglos da und das macht Cremont nervös. Soby geht hinüber zu Harold, und als er hört, dass Harold atmet, sagt er zu Cremont, alles im grünen Bereich, der ist nur im Koma. Alles lacht, auch Stacy. Brazil wühlt im Spülschrank herum. Er kommt wieder hoch, dreht sich um zu den anderen, eine Flasche Abflussreiniger in der Hand, und verkündet, hier ist das perfekte Mittel gegen Komazustände. Während Romeo, Soby und Cremont davon ausgehen, dass er Harold das Zeug in den Mund schütten wird, legt Brazil weitaus mehr Kreativität an den Tag. Sie sehen ihn einen Topf mit Wasser füllen und Harold über den Körper kippen, anschließend verstreut er überall die Kristalle des Reinigers, und als Soby wissen will, was zum Teufel das werden soll, erwidert Brazil, abwarten, Alter. Und richtig, einen Augenblick später sieht Soby Dampf von Harolds Körper aufsteigen, doch schlimmer noch ist das Zischeln, das zu hören ist. Die Haut zieht sich zusammen, sie entwickelt Blasen und dann reißt sie streifenweise auf; Harold erwacht mit einem Schrei, der selbst Stacy nicht kalt lässt, doch die anderen lachen und feixen und gestikulieren mit den Fingern, als sähen sie eine Sitcom.

Harold springt hoch, taumelt Richtung Bad, doch Brazil stellt ihm ein Bein, und Harold geht zu Boden wie ein Stein; Romeo glaubt, einen Arm knacken zu hören. Irgendwie schafft es Harold in die Wanne, krümmt sich darin zusammen, dann schießt dàs Wasser aus der Brause, und die ganze Zeit schreit er wie am Spieß. Cremont meint, man sollte ihm das Maul stopfen, sonst holt womöglich noch jemand die Bullen. Brazil zieht seine Waffe, doch Romeo packt ihn am Arm, sagt, warum etwas abknallen, was einen mit Pillen und Geld versorgt. Brazil steckt seine Waffe weg, dafür zieht Romeo seine und jeder fragt sich, was für eine Scheiße gleich abgeht, und als Romeo ins Bad marschiert, marschieren alle hinterher, denn wenn er Harold abknallt, wollen sie es nicht verpassen. Romeo präsentiert Harold die Waffe und sagt, wenn er nicht augenblicklich ruhig ist, schießt er ihm in die Augen. Harold hört auf zu schreien, schluchzt stattdessen in ein Handtuch; verteilt über den gesamten Rücken, auch an den Seiten, sieht man blutende rote Krater und Soby verkündet, dass sich das Zeug noch weiter frisst. Er zündet eine Rakete, und dann stehen sie herum, glotzen und geben sich die Dröhnung. Erst als jeder keuchende Atemzug von einem Wimmern begleitet wird, weil Harold zu geschwächt ist, um weinen zu können, beschließen sie abzuhauen. Beim Hinausgehen fragt Soby, ob Brazil Harold nicht anpissen will. Wieso sollte ich?, fragt Brazil zurück, woraufhin Soby meint, ist doch dein Stil, oder? Brazil rät ihm, die Muschi seines Vaters zu lecken, und alle lachen. Im Hausflur geht Romeo die Frage durch den Kopf, wie lange er wohl noch ein solches Leben führen wird, denn es kommt ihm so vor, als hätte er sein Leben bereits hinter sich.

Und dabei ist es erst fünf Uhr nachmittags.

Joy steht in der Küche und kocht. Brathuhn. Als er hereinkommt, schenkt sie ihm keine Beachtung. Romeo verschwindet in sein Zimmer und packt die Waffe weg. Der Geruch von gebratenem Huhn dringt durch Wände und Dielen. Er kommt fast um vor Hunger, geht in die Küche und erklärt, er bleibt zum Essen. Sie schweigt. Beim Anblick ihres vor Hass verkrampften Gesichts möchte er sie am liebsten fragen, was sie sich einbildet, wer sie eigentlich ist, möchte ihr an den Kopf knallen, dass Miete und Essen immer noch von seinem Geld bezahlt werden, und wie sehr sie ihn auch hassen, sein Geld nehmen sie. Doch er setzt sich an den wackligen Holztisch, dorthin, wo seine Initialen in die Platte geritzt sind, fährt unablässig mit dem Finger über die Stelle daneben, über das weniger stark und ungelenk ge-schnitzte L im Holz, bis Joy einen Teller daraufstellt. Romeo fragt, ob sie heute schon jemandem einen gebla-sen hat und wie es geschmeckt hat. Sie nennt ihn einen degenerierten Asozialen und fragt, wie er diese Scheiße mit Debbie Carter veranstalten konnte, und er entgeg-net, dass sie nichts gemacht haben, was sie nicht wollte. Joy sagt, leck mich. Er bezeichnet sie als billige Lesben-hure, mit einer Fotze so groß wie New Jersey, woraufhin sie ihm einen Teller über den Schädel ziehen will, doch er blockt das mit dem Arm ab, und sie keift, er hat Ledell ermordet, genauso gut hätte er selbst den Abzug drücken können, denn er ist an allem schuld und sie haben ihn gewarnt, aber er wollte verdammt noch mal nicht hören, denn er ist ein kaltblütiger Brudermörder und egal, was er macht, es endet immer mit Zerstörung. Romeo sieht rot und verpasst Joy eine ins Gesicht, sie gehen mit Fäusten aufeinander los, bearbeiten sich mit den Füßen, und dabei tritt Joy ihm in die Eier, er revanchiert sich mit einem gewaltigen Schlag auf ihre Titten, sodass sie zu Boden geht, nach Luft schnappt und sich die Brüste hält, und als dann auch noch ihre Mutter hereinkommt, Romeo als viehisch bezeichnet, als Bestie, und herumbrüllt, was ihm einfällt, seine Schwester so zu schlagen und ob er sich dabei besonders männlich vorkommt, verkneift sich Romeo ein Ja. Joy rappelt sich hoch, wünscht ihm die Pest an den Hals und stürmt aus dem Apartment. Romeo reißt sich eine Hühnerkeule ab und nimmt sie mit für unterwegs.

Irgendwann im Laufe des Abends soll Pepperton aus dem Poolbillard-Laden kommen, und während Romeo auf der anderen Straßenseite lauert, steht Brazil an der Ecke, für alle Fälle. Romeos goldene Waffe ist geladen und bereit für den Schuss, genau wie er, denn die Geschosse sprechen mit ihm, sagen, er soll auf keinen Fall das Ziel verfehlen. Der Abzug befiehlt ihm, die Waffe zu entsichern, und Romeo gehorcht. Er atmet tief durch, fängt an, sich hochzuputschen, malt sich aus, wie Pepperton Leuten, die er, Romeo, mag, beschissene Dinge antut, Leuten wie Becky und Rodney und Ledell und dann wieder Becky, und schon verwandelt sich Pepperton in das Monster, das Romeo ohne Probleme hassen kann. Pepperton kommt heraus, aber er ist in Begleitung, ein Typ mit Barett. Romeo wirft einen Blick hinüber zu Brazil. Pepperton und der andere stehen auf den Stufen, unterhalten sich, Pepperton redet mit Händen und Füßen, doch von seinem Standort aus kann Romeo nicht verstehen, worum es geht. Brazil wirft einen Blick zurück und Romeo weiß jetzt, dass Brazil meint, sie sollen beide ausschalten. Ein paar Minuten später taucht Amboy Sanford auf und verwickelt den Barett-Typen in ein Gespräch. Beide betreten die Spielhalle, jetzt ist Pepperton allein. Er geht die Stufen hinunter und die Straße entlang; Romeo wird von einem Kribbeln erfasst, hebt innerlich ab, höher als mit einer Rakete. Das ist es. Das ist ein Kick. Und ein Kick ist etwas Besonderes. Er nimmt die Verfolgung auf, macht in seinen weichen, lautlosen Jordans Schritt um Schritt auf dem Pflaster, während Brazil weiter an der Ecke lauert. Wie aus dem Nichts taucht der Barett-Typ wieder auf, geht die Stufen vor der Spielhalle hinunter, bleibt stehen und beobachtet, wie Pepperton von Romeo verfolgt wird. Brazil drückt sich an die Wand, sieht, dass der Typ Romeo verfolgt, und nimmt nun seinerseits die Verfolgung auf. Es ist eine abgedrehte Prozession von Mördern, die einander an den Fersen kleben und dabei aussehen wie die Marx Brothers aus der Hölle. Romeo schleicht näher, genau wie Brazil, nur haben Pepperton und sein Kumpel bisher nichts davon mitbekommen. Plötzlich hört Pepperton hinter sich ein Klicken, gefolgt von einem Schuss, er fährt herum, seine Waffe gezückt, und drückt ab, doch Romeo wirft sich aufs Pflaster, feuert zurück und trifft Pepperton zweimal in die Brust und einmal mitten ins Gesicht. Selbst jetzt, im Dunkeln, kann er das Weiß von Peppertons Schädelknochen durch die zerfetzten Wangen schimmern sehen. Hinter ihm versenkt Brazil zwei weitere Kugeln in den Barett-Typen, der bereits am Boden liegt. Brazil nimmt dem Kerl das Barett ab und schießt ihm aus kürzester Distanz in den Kopf. Romeo erwägt, Pepperton ebenfalls einen Kopfschuss zu verpassen, doch inzwischen ist bereits Geschrei zu hören, Leute rufen um Hilfe. Romeo und Brazil laufen los, die Straße hinunter, über Hinterhöfe. Nachdem Romeo die Backsteinmauer hinter dem Buchmacher erklommen hat, dreht er sich um und sieht sich allein. Brazil versucht, sich hochzuhangeln, und Romeo macht ihm Druck. Brazil ächzt und stöhnt, hat zu kämpfen, und als seine Hand auf der Mauer liegt, packt Romeo Brazils Arm und zieht Brazil hoch. Er entdeckt einen großen roten Fleck an Brazils Seite, doch Brazil tut so, als sei alles in Ordnung. Romeo erklärt ihm unumwunden, dass er angeschossen wurde, und wieder tut Brazil so, als wüsste er von nichts. Sie bewegen sich so unauffällig wie möglich durch die Straßen und als sie die Basketballplätze erreichen, hören sie, wie Sirenengeheul die Nacht durchschneidet.

Romeo hilft Brazil in den Fahrstuhl und sie fahren hinauf in den zehnten Stock, wo Soby im Apartment wartet. Er lässt die beiden hinein. Scheiße, was ist passiert?, fragt er. Hab mich beim Rasieren geschnitten, lautet Brazils Antwort. Sie bringen ihn zu der abgewetzten, schmutzigen Couch und ziehen ihm das Hemd aus. Und da ist es, ein kleines Loch, aus dem es tropft wie aus einem defekten Wasserhahn. Soby holt ein Handtuch aus der Küche und legt es auf die Couch. Seine Mutter kommt hinterher, sieht Brazil ohne Hemd, dafür aber mit blutendem Loch in der Seite, dreht sich um und geht wortlos zurück. Romeo fragt Brazil, wie er es geschafft hat, angeschossen zu werden, und Brazil erzählt von dem Typ mit Barett, dem er, und zwar genau in dem Moment, als der Kerl seine Waffe zog, in den Rücken geschossen hat. Das war auch der Moment, so Brazil weiter, als Pepperton angefangen hat loszuballern, Romeo jedoch verfehlte,

ihn, Brazil, allerdings voll erwischt hat. Soby schlägt vor,
Brazil ins Krankenhaus zu bringen. Vergiss es, wider-
spricht Romeo, wie sollen wir denen die Kugel erklären,
die noch drinsteckt? Romeo verschwindet kurz und
kommt mit Becky zurück, die sich noch aus ihrer Zeit bei
den Pfadfindern mit Erster Hilfe auskennt. Sie sieht sich
die Wunde an und erklärt, Brazil soll ins Krankenhaus
gehen, weil die Wunde sich womöglich entzündet, aber
Romeo sagt, Becky soll sehen, was sie machen kann. Also
säubert sie die Wunde, tupft sie ab und bedeckt sie mit
Gaze. Romeo zündet erst mal eine Rakete für alle. Brazil
schläft auf dem Fußboden ein, und während Romeo und
Soby es raketenmäßig richtig krachen lassen, macht sich
Becky daran, mit Essigwasser das Blut von der Couch zu
entfernen.

An diesem Nachmittag spürt Romeo, dass er draußen
alle Blicke auf sich zieht; die Nutten und die Bazooka-
Jungs, eigentlich alle müssen Wind von der Sache bekommen haben, denn er hat das Gefühl von Tausenden
Lasern, die sich in ihn hineinbrennen, doch niemand
lässt auch nur eine Bemerkung fallen. Soby und Cremont zeigen ihm einen Zeitungsartikel, der das Ganze
als weiteres Beispiel für die brutale, tödliche Welt der
Drogen bezeichnet, und als ihm klar wird, dass Pepperton ohnehin ein Kandidat für so was war, weiß Romeo,
dass die Sache bald in Vergessenheit gerät. Nur bei
Sammy nicht. Sammy wird nicht vergessen. Als Nächstes geht es darum, herauszufinden, wer Ledell auf dem
Gewissen hat, und sich darum zu kümmern. Sammy
wird dabei helfen. Als Romeo an der Schule vorbeikommt und den leeren Hof sieht, überlegt er, in die Fenster zu feuern und russisches Roulette zu spielen. Viel-

leicht trifft er Becky – wie hoch ist eigentlich die Wahrscheinlichkeit? –, und wenn er trifft, dann hat es wohl so sein sollen.

Brazil hält sich bei Stacy versteckt, sitzt da mit gezogener Waffe, für den Fall, dass Stacys Mann auftaucht. Die Verletzung sieht echt übel aus, die Kugel steckt immer noch drin, doch egal, wie höllisch die Schmerzen sind, Brazil tut so, als gäbe es sie nicht. Als Stacy fragt, ob sie ficken wollen, erklärt er, dass er zu müde ist, sie ihm aber gern einen blasen kann, was sie tut, und jedes Mal, wenn sie ihn ordentlich rannimmt, dringt Blut aus der Wunde, bis der Verband rot durchtränkt ist. Romeo und die anderen kommen vorbei, man ballert sich in andere Sphären und plötzlich steht Brazil auf und will tanzen. Er stößt gegen die Couch, seine Waffe fällt auf den Boden, dabei löst sich ein Schuss, nur knapp verfehlt das Geschoss Cremonts Bein und schlägt im Küchenschrank ein. Romeo schnappt sich die Waffe, entfernt die Patronen und sagt zu Brazil, er soll sich bloß hinsetzen, bevor er noch einen von ihnen umlegt. Als im Hausflur verstörte Stimmen laut werden, fangen alle an zu lachen. Zu den 23-Uhr-Nachrichten setzen sich alle vor das verschneite Bild des Schwarz-Weiß-Fernsehers mit dem zur Antenne umfunktionierten Drahtbügel und verfolgen, wie ein Geisterbild von einer Reporterin vor der Spielhalle ins Mikro quatscht, von grauenhaften Todesfällen im Drogenmilieu ist die Rede und davon, dass ein Opfer von Kugeln entstellt worden sei und jetzt vermutlich ein ausgedehnter Drogenkrieg beginne. Alles sieht zu Brazil und lacht, denn ein Drogenkrieg war das nicht, gute Frau, es war nur unser Brazil in seiner unnachahmlichen Art. Sie fährt fort, man habe Pepperton als Kolumbianer identifiziert, der im Viertel habe Fuß fassen wollen, und da fällt es Romeo wie Schuppen von den Augen und er sieht völlig klar. Die ganze Story, von wegen schlechter Stoff und Pepperton will sein Geld zurück, alles nur Blabla, in Wirklichkeit wollte Sammy ihn loswerden, weil Pepperton versucht hat, hier sein Ding durchzuziehen. Irgendwie fühlt sich Romeo verschaukelt, dagegen machen kann er nichts, also zündet er noch eine Rakete. Während die anderen fernsehen und Brazil auf der Couch schläft, zieht er sich mit Stacy zurück und sie vögeln und ballern bis zum Wegtreten.

Am Morgen ist Brazils Seite knallrot, sie glüht buchstäblich, und als Stacy einen kalten Lappen drauflegt, wird Brazil fast ohnmächtig. Cremont meint, Krankenhaus wäre noch immer keine Alternative, nicht so kurz nach der Aktion, woraufhin Brazil ihn als elenden Schisser bezeichnet, so was auch nur in Erwägung zu ziehen. Genau, sagt Romeo, Cremont ist ein elender Schisser, doch der – Stacy auf dem Schoß – erwidert lediglich, leckt mich, kramt ein paar Raketen hervor und zündet sie. Brazil steht auf, hält sich die Seite und verschwindet im Bad. Soby macht den Fernseher an, kriegt jedoch kein Bild zustande, und als die Nachrichten beginnen, sagt Romeo, alle sollen mal jetzt die Klappe halten. Der grauenhafte Drogenmord wird kurz angesprochen, man leitet über zum Wetter und Romeo weiß, morgen wird das Ganze Schnee von gestern sein.

Soby hat Ralphie samt der Arzttasche aus der Apotheke geholt, damit der Brazils Wunde begutachtet. Ralphie betrachtet die Sache von Nahem, doch er sieht nur rohes Fleisch und Blut, und als er mit dem Finger darüberfährt, verzieht Brazil das Gesicht zu einem verkrampften Grinsen. Ralphie holt allen möglichen Scheiß aus seiner Tasche, spielt Onkel Doktor, indem er Blutdruck und Puls misst, und Romeo ist klar, dass Ralphie keinen Blassen hat von dem, was er da macht, doch wie er es macht, sieht verdammt professionell aus. Sie reichen ihm die Pfeife und nach einem Zug meint Ralphie, die Wunde sieht zwar übel aus, aber so übel ist die Sache wiederum nicht, weil man davon ausgehen kann, dass nichts ernsthaft verletzt ist, die Kugel steckt eben irgendwo da drinnen. Er sagt zu Stacy, sie soll dafür sorgen, dass die Wunde immer sauber ist und Brazil schön bedröhnt, und bevor er geht, fragt er, ob jemand Interesse an einer Ladung Morphium hat. Romeo will ihm etwas Gras geben, doch Ralphie lehnt dankend ab. Brazil ruft ihm noch Doktor Hohlkopf hinterher, als Ralphie das Apartment verlässt.

An diesem Abend geht Romeo zu Luckyfoot, doch die Bazooka-Jungs erklären, dass er nicht da ist, und als Romeo nachhakt, wann er denn wieder da ist, bekommt er keine Antwort. Kenny Carter will von ihm wissen, was für einen Scheiß sie mit seiner Schwester veranstaltet haben, und Romeo, richtig angepisst, fährt herum und blafft ihn an, er soll sein verdammtes Maul halten, ansonsten passiert ihm dasselbe. Kenny will aufmucken, doch Romeo versetzt ihm einen Schlag ins Gesicht. Da kommt Bewegung in zwei von den Bazooka-Jungs, aber nur so lange, bis Romeo sich zu ihnen umdreht, um sie anzusehen, und obwohl er bei fünf gegen einen unterlegen ist, rührt keiner der anderen sich vom Fleck. Auf dem Weg zurück in Stacys Wohnung fragt sich Romeo, was hier eigentlich abgeht, irgendwas ist faul: Luckyfoot ist immer da. Und noch nie sind die Bazooka-Jungs so mit ihm umgesprungen. Wieder beschleicht ihn das unheimliche Gefühl, beobachtet zu werden, und während er sich an den Häusern entlangdrückt, hält er Ausschau nach möglichen Verfolgern. Caesars Limousine rollt vorbei und Romeo linst durch die getönten Scheiben, kann aber nicht erkennen, ob Chantaka drinnen sitzt.

Stacys Tür ist nur angelehnt, doch als Romeo den Fernseher hört, glaubt er an eine Nachlässigkeit. Aber er findet das Apartment leer vor; die Kissen der Couch liegen auf dem Boden, der Tisch ist verrückt worden und Romeo läuft sofort in die Küche, holt seine Waffe aus der Schublade und schließt dann die Tür. Alle Sinne im Überlebensmodus, schleicht er ins Schlafzimmer, doch da ist ebenfalls niemand. Genau wie im Bad. Romeo geht alle Möglichkeiten durch, was passiert sein könnte, sucht nach einer plausiblen Erklärung, doch sein Instinkt sagt ihm etwas anderes. Der ganze Mist geht auf Sammys Konto und wenn der nicht sofort etwas unternimmt, damit das aufhört, wird er, Romeo, ihn mit seiner goldenen Waffe aus dem Weg räumen. Das wäre allemal gerecht, oder?

Er hört Geräusche im Hausflur und drückt sich an die Wand: Die erste Fresse, die sich im Türrahmen zeigt, wird an Blei ersticken. Ein Schlüssel wird ins Schloss gesteckt, aber nicht umgedreht. Romeo hört eine ihm unbekannte Stimme fluchen, mit fremdländischem Akzent, und er spannt den Hahn. Der Türrahmen knackt, die Tür springt auf und ein Hüne von Kerl, einen Turban auf dem Kopf, betritt das Apartment, sieht Romeo und greift sich an den Gürtel, doch Romeo schießt dem Kerl in den Bauch. Als der Typ sich am

Boden krümmt, entreißt Romeo ihm die Waffe und hält sie ihm ins Gesicht. Der Typ flucht und stöhnt, und mit sich überschlagender Stimme fragt Romeo, wo Brazil und die anderen sind, doch der Typ hat keinen Schimmer, wovon Romeo redet. Er fragt nach seiner Frau, und Romeo sagt ihm, dass die nicht da ist. Leute schreien im Hausflur, drohen, die Bullen zu alarmieren, also springt Romeo über den Kerl am Boden, erklärt, dass es ihm leid tut und dass alles ein riesiges Missverständnis ist, während der andere nur daliegt, sich den Bauch hält und jammernd nach Stacy verlangt.

Romeo rennt über Grundstücke und Hinterhöfe, eine neue Erfahrung für ihn, hat er doch bisher stets den Jäger gespielt und nie die Beute. Als er durch die Pappe-Stadt hetzt, laufen zwei Penner bei seinem Anblick schreiend um ihr Leben. Doch seine Gedanken drehen sich nur darum, jemanden aufzutreiben, der ihm etwas erzählen kann, jemanden, dem er vertrauen kann, jemanden, den es nicht gibt, jetzt, da Brazil und die anderen verschwunden sind. Nur Becky fällt ihm ein, aber sie wird nichts wissen und er will sie nicht mit hineinziehen, selbst wenn sie etwas wüsste. Er rennt zu Sobys Haus, schleicht sich hoch, über die Treppen, und als er vor der Tür steht, klemmt er sich die Waffe unter den Arm, bereit, jederzeit zu schießen. Sobys Mutter sieht die Waffe, sagt nichts dazu, nur, dass Soby nicht da ist. Romeo schiebt sich an ihr vorbei und greift ohne zu fragen nach dem Telefon. Sobys Mutter schließt die Tür und verzieht sich in die Küche, während Romeo eine Nummer wählt. Nach mehrmaligem Klingeln nimmt Joy ab und er gibt den Coolen.

»Hey, Joy, was geht ab?«

»Was hast du wieder gemacht?«, stößt sie hervor.

»Was meinst du?«

»Erst sind ein paar Typen hier aufgetaucht, haben nach dir gefragt, und dann die Bullen. Was hast du gemacht!?«

»Nichts, ich habe nichts gemacht. Wer war denn da?«

Schweigen. Dann fragt sie: »Wo steckst du?«, und Romeo überfällt plötzlich ein Schauder – was, wenn die noch bei ihr sind? Er antwortet nicht.

»Hör zu, diesmal hast du richtig, richtig Scheiße gebaut«, sagt sie, »egal, was es ist, halt uns da raus, klar? Lass dich nicht hier blicken, Mama ist schon fertig genug. Kapiert?«

»Sag du mir nicht, was ich tun und lassen soll!«

»Ach, leck mich!«

»Du mich auch! Blöde Fotze ... ich schick dir ein paar Typen vorbei, die es dir mal so richtig ... «

Joy hat aufgelegt. Als Romeo den Hörer sinken lässt, zittert seine Hand. Er sieht, wie Sobys Mutter durch einen Spalt in der Küchentür linst. Romeo hat keinen Plan, weiß nicht, wohin. Wieder greift er sich den Hörer, ruft Becky an, doch sie ist nicht zu Hause. Er legt auf und verschwindet aus der Wohnung.

Der Schlüssel dreht sich im Schloss, und diesmal ist keine Kette vorgelegt. Als Romeo den Kopf hineinsteckt, schlägt ihm ein widerlicher Gestank entgegen, der ihm fast die Nasenschleimhaut verätzt, dennoch, er geht hinein und schließt die Tür hinter sich zu. Die Wohnung ist so, wie sie sie zurückgelassen haben, und nach ein paar Schritten weiß Romeo auch weshalb. Rutherford liegt im Bett, steif und tot, die Haut blau verfärbt, die Augen geschlossen, nur der Mund steht offen, so als wäre Rutherford mitten in einem Schnarcher abgetreten. Romeo sieht auf ihn hinunter, sucht nach einer Verletzung oder einer Schusswunde. Nichts. Also hat Rutherford 'nen friedlichen Abgang gemacht, denkt er. Er wickelt ihn in das vollgekackte Bettzeug, lässt ihn fürs Erste da liegen, bis er den Nerv hat, über eine Lösung nachzudenken. Er will den Fernseher anmachen, als ihm einfällt, dass sie den aus dem Fenster geworfen haben. Also weder Fernsehen noch Radio, noch Telefon, nichts, also keinerlei Möglichkeiten herauszufinden, was los ist. Er setzt sich ans Fenster des Schlafzimmers, sieht hinunter auf die Straße und hält Ausschau nach Anzeichen, die Ärger verheißen. Um zehn nach vier schlüpft er aus der Wohnung, um Becky aus der Telefonzelle anzurufen. Er setzt ihrem Alten auseinander, sie zu wecken, und nach gut einer Minute fragt ihre verschlafene Stimme, wo bist du? Romeo erklärt, dass er in Schwierigkeiten steckt, was sie bereits weiß, da die Cops nach ihm suchen, und als er fragt, weshalb, erzählt sie etwas von einem Typ in den Backsteinhäusern, einem gewissen Harry, und sofort fällt Romeo Harold ein. Zwei Kreuzungen weiter biegt ein Streifenwagen um die Ecke, also verrät Romeo, wo er sich aufhält, bittet Becky vorbeizukommen und schärft ihr ein, auf Verfolger zu achten. Er schleicht sich zurück in Rutherfords Apartment. Eine Stunde später klopft es an der Tür. Becky. Kaum ist sie im Apartment, will Romeo auch schon wissen, was passiert ist, und sie erzählt, dass jemand vom Sozi Harold in seiner Wohnung gefunden hat, im Rahmen eines Routinebesuchs. Die Bullen sind angerückt, ein Rettungswagen hat ihn abtransportiert und unterwegs ist Harold dann gestorben, allerdings nicht, ohne zuvor Namen zu nennen. Romeo sagt, mit Harolds Tod hat er nichts zu tun, sie haben nur ein wenig Blödsinn veranstaltet und als sie gegangen sind, war mit Harold alles in Ordnung. Becky glaubt Romeo. Er erzählt ihr von Brazil und den anderen, und sie wirkt mit einem Male angespannt, meint, es haben sich ein paar merkwürdige Leute in der Gegend herumgetrieben. Dann fragt sie, was hier so stinkt, und Romeo macht die Tür auf und zeigt auf Rutherford. Bei seinem Anblick ist Becky kurz davor, sich zu übergeben, doch Romeo lächelt und erklärt ihr, dass es ein natürlicher Tod gewesen ist. Sie fragt, was jetzt werden soll, und er sagt, man könnte ein Auto klauen und abhauen, sie beide, einfach nur weg aus diesem Scheißstaat. Nach Georgia. Da wären sie in Sicherheit. Becky erklärt ihn für verrückt, sie könnten nicht so mir nichts, dir nichts von Staat zu Staat fahren, und wenn er zu den Bullen gehen und erklären würde, was sich tatsächlich abgespielt hat? Vielleicht würden sie es verstehen ... Romeo lehnt das ab, erklärt jedoch nicht, warum. Er sagt, sie brauchen das eine oder andere und kritzelt eine Liste zusammen, gibt Becky zweihundert Dollar in Zwanzigern und meint, die Hälfte soll sie für Raketen raushauen.

Unter dem Waschbecken entdeckt er eine Flasche mit verdünntem Salmiakgeist; er verteilt ihn über Rutherfords Leiche, da der Gestank inzwischen unerträglich ist. Er setzt sich ans Fenster, so, dass man ihn nicht sehen kann, und schaut hinunter auf Cops und Abschaum. Man könnte Rutherfords Leiche einfach hinunterwerfen, in die Seitengasse, sie würde nur bis heute Abend dort liegen, dann aber wären Becky und er längst über alle Berge. Romeo sieht zwei von den jüngeren Bazooka-

Jungs vorbeilaufen und würde sie am liebsten vom Fenster aus abknallen. Doch dann konzentriert er sich auf die geparkten Autos, schließlich wird er eins hier aus dem Block nehmen müssen, vielleicht sogar eins von Sammy oder Luckyfoot, das wär doch mal 'ne Verabschiedung. Er stellt das Radio an, das Becky von zu Hause mitgebracht hat, und nach drei verschiedenen Nachrichtensendungen fragt er sich, ob er sich diesen ganzen Mist nur einbildet. Kein Wort über Pepperton oder Drogenkriege, nichts über Harold oder Stacys Mann – nichts. Als wäre nichts von dem passiert. Womöglich handelt es sich hier um einen verdammt üblen Albtraum und er wacht am Morgen in seinem Bett auf, alles ist normal, es gibt Streit mit Joy und Tränen bei seiner Mutter, er wird mit seinen Freunden umherziehen und sich zuballern. Becky klopft zweimal, tritt mit dem Fuß, und Romeo lässt sie herein. Völlig außer Atem berichtet sie, dass Parker ihr erzählt hat, man habe Stacy gefunden, im Kofferraum eines Autos, und zuerst habe man sie nicht identifizieren können, weil sie nicht schwanger gewesen ist, anders das Mädchen im Kofferraum. Als man an ihr herumgeschnippelt habe, sei aber Brazils Kopf zum Vorschein gekommen. Für Romeo gibt es keinen Zweifel, womit er es zu tun hat, Pepperton war mehr als ein kleines Ärgernis, Pepperton hatte einflussreiche Freunde im Hintergrund. Becky zittert wie Espenlaub und Romeo packt sie bei den Schultern, sagt ihr, alles ganz entspannt, sie hat mit alldem nichts zu tun und sobald die Sonne untergeht, machen sie sich vom Acker. Er zündet zwei Raketen, lehnt sich zurück und lauscht dem Wüten von Funky DJ Rap Dog gegen eine rassistische weiße Welt, in der Nigger keine Chance bekommen. Becky wirft ihm einen Blick zu, lächelt bedröhnt, und plötzlich müssen beide lachen über die kranke Scheiße, in die er hineingeraten ist. Sie steht auf und stellt sich hinter ihn, fängt an, ihm Rücken und Schultern zu massieren, sagt ihm, dass er viel zu verspannt ist, und Romeo fragt sich für einen kurzen Augenblick, worin er sie nur verwickelt und warum. Sie macht ein paar Sandwiches – Schinken und Wurst – und sie essen sie im schwindenden Licht des Tages. Becky meint, sie muss noch mal nach Hause, ein paar Sachen holen, und als er sie davon abhalten will, dreht sie sich um, versichert sie ihm, dass sie ihn liebt, alles für ihn tun und mit ihm überallhin gehen würde, jetzt aber muss sie sich von ihrer Mutter verabschieden. Er weiß, dass er es ihr nicht ausreden kann, und lässt sie gehen. In den Nachrichten berichten sie über die Tote im Kofferraum, nennen keinen Namen, sprechen aber von Mord.

Becky kommt und kommt nicht zurück. Zwei Stunden läuft er umher, feuert Raketen ab, greift immer mal wieder nach seiner Waffe, beim geringsten Geräusch auf der Straße hastet er zum Fenster, doch nicht die Spur von ihr. Vielleicht hat sie es sich anders überlegt oder sie haben sie bestochen oder geschnappt, haben sie aufgeschlitzt und ihr irgendwas in die Muschi gestopft. Von allen drei Möglichkeiten hofft er auf die letzte, denn Becky würde ihn niemals verraten, oder doch? Rutherford verwest vor sich hin in seinem vollgesogenen Bettzeug und sollte noch anderes Zeug aus dieser Scheißleiche sickern, wird sie in der Seitengasse entsorgt.

Sammy hat das perfekt gedeichselt, einfach grandios. Er hat alles, was er wollte. Romeo könnte gar nicht zu den Bullen gehen, weil er dann wegen der Sache mit

Harold dran wäre, und unter keinen Umständen könnte er zusammen mit Sammys Kumpels im Knast sitzen. Das muss Angst sein, was er da spürt. Das hat er noch nie erlebt. Erst recht nicht so wie jetzt, wenn alles in einem nach Leben schreit und man gleichzeitig weiß, es ist vorbei. Er hockt im Dunkeln und versucht, sich den Tod vorzustellen, wie das wohl ist, und er fragt sich, ob es tatsächlich einen Gott gibt. Er lässt Gott wissen, dass er ihn mal am Arsch lecken kann, denn er, Romeo, schämt sich für nichts, was er jemals gemacht hat, weil es bedeutungslos ist verglichen mit dieser hohlen finsteren Welt voller Elend, Armut, Hoffnungslosigkeit und Verlust, wo selbst das Schmoren in der Hölle ein Fortschritt wäre. Und scheiß auf alle, denen nicht gefällt, was er getan hat, sollen sie ihre Mütter und schwulen Väter ficken, ihnen die Schwänze abreißen und ihre Eingeweide fressen und sich am Ende selbst im Klo hinunterspülen und zusammen mit der anderen Scheiße verrotten, denn er wird einen Abgang mit Stil hinlegen. Und wenn es nach ihm ginge, könnten sich Sammy und Pepperton gegenseitig in den Arsch ficken. Die Waffe in der Hand und die Tür im Blick, sitzt er da und ballert sich zu mit seiner letzten Rakete, und der Raum scheint zu schrumpfen, als die Wände näher rücken, als die Decke sich senkt, alles wir dunkler und der erste Wichser, der durch diese Tür tritt, bekommt den Schwanz weggeschossen. Dann schließt Romeo die Augen und wartet auf sein Schicksal.

KNASTSERENADE

»Fick dich. Und fick deine Mutter. Wenn sie ihre Tage hat, dann ramm ihr deine Faust in die Muschi und leck das giftige Blut ab. Auf dass es dir in die falsche Kehle gerät und in deine verfluchten Lungen tropft und in dein rabenschwarzes Herz sickert, bis du an deiner von Krebs befallenen Galle erstickst. Weil du nämlich keinen Durchblick hast. Du und deinesgleichen, ihr sitzt selbstherrlich auf dem hohen Ross und haltet Gericht, dabei habt ihr in eurem verschissenen Leben nicht einen einzigen Tag gelebt. Einen echten Tag. Einen meiner Tage. Ihr geht in eure Restaurants und trinkt Wasser aus Flaschen, hockt in euerm netten, behaglichen Zuhause vor dem Fernseher, in euern todschicken Klamotten, mit einer Flasche Wein und euern Sachen und Besitztümern, nur um mit der Fernbedienung zu spielen, bis ihr euch zugedröhnt habt mit Shows und Comedy, abklappt und in der Hölle versinkt. Scheiß auf dich. Und scheiß auf deine Mutter. Scheiße Scheiße Scheiße, du verschissener schwanzlutschender Scheißkerl, du fotzengesichtiges Mösenweichei, du verfickter Mösentittenmuschifotzenlecker. Scheiße Scheiße Scheiße, verrecke, du Mistkerl, verrecke verrecke verrecke.«

WIRRWARR AUF DER BLASTOFFSTREET

Pedro behauptet, er hat Londas Geist die Straße entlangschweben sehen, doch niemand glaubt ihm, denn er ist gerade auf einem Trip und jetzt kotzt er auch noch sein Inneres nach außen, in einem kräftigen Schwall, aus dem Miss Lonely auftaucht, hallo sagt und sich umschaut, und als sie die Straße sieht und die Leute, entscheidet sie, lieber tot zu sein, und taucht wieder ab, lässt aber ihren Peeptoe zurück, der jetzt im Rinnstein dahintreibt, bis Manny auf dem Weg nach Hause aus dem Knast dem Schuh einen Tritt versetzt, sodass der am Bordstein entlangspringt, bis ein Hund ihn sich schnappt, genau als Georgie vorbeihumpelt mit verklärtem Blick, denn er hat sich noch immer nicht eingekriegt, und während der ganze Mist so weitergeht, deckt sich Nancy weiterhin mit Stoff ein, und zwar viel länger als nur bis über die Feiertage, und es sieht nicht danach aus, als wäre ein Ende in Sicht, und ihr Ehemann hat noch immer keinen Blassen, ist entweder völlig plemplem oder hält sich inzwischen eine Mätresse und apropos Mätresse: Marybeth verdingt sich jetzt bei einem Unternehmen, das sich bestimmter Phantasien annimmt, wo sie nichts machen, sondern nur verschiedene Charaktere darstellen und sich ab und an als Nazi verkleiden muss, was total in Ordnung ist, weil die stehen ja drauf, außerdem drückt sie nicht mehr, feuert nur noch Raketen ab, während Susie seit zwei Wochen im Koma liegt, auf der Kinderstation im Krankenhaus an der 7ten Straße, denn Chas ist völlig ausgerastet und hat Mommy und Susie die Scheiße aus dem Leib geprügelt, nachdem er herausfand, dass Willy sich aus dem Staub gemacht hatte, und dabei hat Chas Susie einmal zu heftig ins Gesicht geboxt, und Willy hat von alldem keine Ahnung, denn er ist noch immer unterwegs zu einem Ort, der nicht existiert, und hat vor Kurzem lernen müssen, dass man manchmal ein Mädchen zu sein hat, wenn man essen will, und Chuckie, der glaubte ein Stachelschwein an seinem Fuß zu haben, das sich dann in seine Milz verwandelt hat, und nachdem er sie aufgehoben hat, pilgert er weiter auf seinem Weg durch die Bedrohungen, wie dieser Colt-45-Typ aus den Bierwerbespots, bis jemand von diesen schrecklichen Typen erzählt, die anderen Leuten Dinge antun, so abartig, dass man es sich gar nicht vorstellen kann, diese absoluten Schweinehunde mit dem Gefühlsleben von Kakerlaken und den dazu passenden Visagen, und die Geschichte von Harold dem Domestos-Gesicht lässt noch immer Leute sprachlos zurück und es ist unglaublich, wie Fat Tony die Lorbeeren dafür einheimst, dass die Typen verschwunden sind, denn er schwört, da mitgemischt zu haben und dass sein Kumpel Alfie aus Newark derjenige ist, der es erledigt hat, doch dann fährt Whitey der Bulle vorbei und Fat Tony hält ganz schnell die Klappe, und Whitey fragt sich, wie zum Teufel ein Weißer hier nur wohnen kann, der tickt doch nicht richtig, dann sieht er seinen neuen Partner Officer Washington an, lacht in sich hinein, klar, dass es so kommen musste, vermutlich die Strafe dafür, dass er, Whitey, kein Nigger-Freund ist, und Richard der Manager lebt jetzt in Scheidung, weil seine Frau die Bilder entdeckt hat mit ihm als Hure verkleidet und Tito Mendez, der seinen Schwanz in Richards Mund zwängt und alles Lügen, alles Abstreiten kann die Bilder nicht verschwinden lassen, und weil die Giftmischer die Preise senken, wird Sammy immer reicher und das Zeug breitet sich aus in der City wie eine Durchfallepidemie, jeder raucht es, jeder knallt sich zu, jeder bringt seine Mutter um, vergewaltigt seine Schwester, und sie rauben und stehlen und stechen einander ab, bluten, scheißen und pissen, schneiden sich die Pulsadern auf, denn wie viel sie auch rauchen, genug ist es nie, und da rennen Bazooka-Kids die Straßen entlang, mit Kopfplatzwunden, die grauen Zellen eingedampft, Geschosse sausen durch die Luft, schicken die Kids in die Gruft, und Mütter weinen, in ihren noch kindlichen Armen ihre bereits süchtigen Kleinen, aber Abhauen ist keine Option, verdammt, wer will das schon, ohne Schutz und Trutz und Aussicht auf Gnade, es ist geschissen auf diesen Planeten, den blauen, jetzt gilt es, hier in den Sack zu hauen, man hat uns Lügen aufgetischt, mit der Macht des Geldes nach uns gefischt, Gott ist krepiert – hat er je existiert? Er hat uns angelogen, ist auf der Himmelsstraße abgebogen, und ich halt's nicht mehr aus, halt's nicht mehr aus, halt's nicht mehr aus, bitte, Gott, mach, dass es dich gibt, hol mich hier raus, irgendwie, reiß mich runter von dieser beschissenen Kugel, bring mich irgendwohin, wo nichts mehr schmerzt, denn die Visionen und Albträume und Visionen und Albträume und die Albträume, Albträume, Albträume und ... ach, leck mich, ich will sterben.

Frank Göhre

Die Kiez-Trilogie

Krimi
Mit Materialien zur Kiez-Trilogie
736 Seiten, PB, Euro 16,95
ISBN: 978-3-86532-259-3
www.pendragon.de

„Die Kiez-Trilogie" vereint die drei erfolgreichen Kriminalromane **„Der Schrei des Schmetterlings"**, **„Der Tod des Samurai"** und **„Der Tanz des Skorpions"**. Ein Meilenstein der neueren deutschsprachigen Kriminalliteratur.

St. Pauli – Hamburgs sündige Meile. Ging es auf dem Kiez lange Zeit gemütlich, fast familiär zu, so wurde das Geschäft Mitte der 1980er härter – brutaler. In seinem unnachahmlich atemberaubenden Stil erzählt Frank Göhre vom Bandenkrieg im berühmtesten Rotlichtviertel der Welt und vom Hamburger Polizeiskandal. Er eröffnet dabei einen schonungslosen Blick auf Politik und Verbrechen in der altehrwürdigen Hansestadt. Seine Protagonisten sind Zuhälter, Geldwäscher, Waffenschieber, Drogenbosse und Zocker. Kurz: das Milieu.